FRANCIS DE CRUE

Correspondant de l'Institut de France,
Professeur à l'Université de Genève.

L'AMI DE ROUSSEAU ET DES NECKER

PAUL MOULTOU A PARIS EN 1778

Avec un portrait et deux fac-similés hors-texte

PARIS
LIBRAIRIE ANCIENNE HONORÉ CHAMPION
5 et 7, Quai Malaquais (VIe)
—
1926

L'AMI DE ROUSSEAU ET DES NECKER

PAUL MOULTOU A PARIS EN 1778

Portrait de PAUL MOULTOU

(Bibliothèque publique de Genève)

Vô très humble & très obeissant serviteur Moultou

FRANCIS DE CRUE

Correspondant de l'Institut de France,
Professeur à l'Université de Genève.

L'AMI DE ROUSSEAU ET DES NECKER

PAUL MOULTOU A PARIS EN 1778

Avec un portrait et deux fac-similés hors-texte

PARIS
LIBRAIRIE ANCIENNE HONORÉ CHAMPION
5 et 7, Quai Malaquais (VIe)
—
1926

Au-dessus des bords escarpés du Rhône, à l'endroit où le fleuve, récemment sorti du lac et de la ville de Genève, marie ses eaux bleues à celles de l'Arve grise, s'élève une maison de campagne qui date de la fin du XVIIIe *siècle.*

Au salon, qu'enrichissent d'artistiques moulures et que de vieux portraits décorent, la dame du logis, assise dans sa bergère, sort des cassettes de fer les papiers jaunis. Elle les parcourt et en fait lecture à son neveu attentif. Elle passe vite sur l'anecdote scabreuse qui l'a toujours effarouchée, pour s'attarder aux descriptions si pures et si décentes de la vie de famille.

Dans ces papiers, tout en les expurgeant à la lecture, elle sait quand même relever le trait pittoresque, digne de fixer l'attention des curieux de littérature et d'histoire. C'est une correspondance, ce sont les échos des conversations de Voltaire, de Jean-Jacques Rousseau, des Necker, philosophes, hommes d'Etat, femmes du monde avec qui frayait un aïeul des plus considérés. Bientôt la tante et le neveu se mettent à copier les vieux textes. Il s'y trouve notamment le récit d'un séjour à Paris, rapporté dans les lettres que l'illustre ancêtre, du nom de Paul Moultou, échangeait avec sa femme. Il vaudra peut-être la peine d'en faire part au public lettré, d'autant plus que ce séjour eut lieu chez les Necker, en 1778, l'année de la mort de Voltaire et de Rousseau.

Maintenant elle n'est plus, la dame du logis. Elle est passée, laissant un souvenir fait de grâce, de candeur et de bonté, et comme un encouragement à publier quelques-unes des lettres lues et transcrites en sa douce compagnie (1).

(1) Mme Alfred Vieusseux, née Bertrand, veuve de M. Alfred Vieusseux, dont la mère, née aussi Bertrand, était petite-fille de Paul Moultou, avait hérité d'une grande partie des papiers de ce dernier, après la mort de son mari et de sa belle-sœur, Mlle Emma Vieusseux.

NOTE PRÉLIMINAIRE

Avant de donner les extraits des lettres que Paul Moultou adressa à sa femme durant son séjour à Paris chez M. et Mme Necker en 1778, il a semblé utile de faire une courte introduction sur Moultou et ses amis jusqu'au moment de ce voyage, afin de présenter les personnages qui s'y trouvent constamment cités.

« Ces lettres mériteraient à bien des égards d'être connues du public, » disait déjà M. G. Streckeisen Moultou, dans son ouvrage sur *Rousseau, ses amis et ses ennemis*.

Rappelons à ce propos que M. G. Streckeisen, arrière-petit-fils de Paul Moultou, a publié, d'après les papiers de son aïeul et les manuscrits laissés par Du Peyrou à la bibliothèque de Neuchâtel, deux ouvrages, qui sont intitulés :

1. *Œuvres et correspondance inédites de Jean-Jacques Rousseau*, Paris, 1861, un vol. in-8.

2. *Jean-Jacques Rousseau, ses amis et ses ennemis*, Paris, 1865, deux vol. in-8.

Quelques-uns de nos documents ont été communiqués à des savants, qui en ont tiré parti pour des articles de revue ou d'autres travaux, ainsi :

M. Ernest Naville, *Œuvres inédites de J.-J. Rousseau*, *Bibliothèque universelle*, avril-mai 1862, t. XIII, p. 686 et 692 ; t. XIV, p. 108, et *Chrétien évangélique*, 1862, t. V, p. 209, 241, 270, 329.

M. Saint-René-Taillandier, *La Suisse chrétienne et la philosophie*, *Revue des Deux-Mondes*, Paris, 1862, t. XXXVIII.

M. Ath. Coquerel, *Lettres sur la tolérance*, Paris, Genève, 1863.

M. Gaberel, *Voltaire et les Genevois*, Genève et Paris, 1856.

Les deux volumes consacrés par le comte d'Haussonville au *Salon de Mme Necker*, Paris, 1882, fournissent sur cette étude de précieux renseignements, tirés des archives du château de Coppet et d'ailleurs, entre autres de deux ou trois pièces du dossier Vieusseux.

On nous excusera de ne point développer ici la bibliographie considérable du sujet, d'autant plus que les passages des correspondances que nous reproduisons sont, à une ou deux exceptions près, inédits et tirés des papiers de famille que nous avons en mains [1].

---

(1) Dans les citations, sans nous arrêter à la ponctuation et aux accents, nous respectons, malgré certaines étrangetés, l'orthographe des correspondants. Notons d'abord que Paul Moultou écrit toujours *fère* pour *faire*, *touts* pour *tous*, et emploie en revanche la lettre *a* au lieu de *o* à l'imparfait : *ils étaient*.

Entre autres publications que nous avons utilisées, nous nous bornerons à citer les *Lettres inédites de Mme de Staël à Henri Meister*, publiées par MM. Paul Usteri et Eugène Ritter, Paris, 1903; ainsi que la *Chronologie critique de la vie et des œuvres de J.-J. Rousseau* par M. Louis Courtois, dans les *Annales J.-J. Rousseau*, t. XV, 1923

I

ANNÉES DE JEUNESSE. — LES BELLES AMIES DE M. MOULTOU

« Celui de tous dont j'attendis davantage, dit Jean-Jacques Rousseau au passage des *Confessions* où il raconte sa visite aux Genevois en 1754, fut Moultou, jeune homme de la plus grande espérance par ses talens, par son esprit plein de feu.»

Le tempérament passionné de Paul Moultou, sa brillante intelligence, son éloquence enflammée, les admirations et les haines, qu'il n'éprouvait pas à demi, son enthousiasme enfin pour les idées libérales, avant tout pour Jean-Jacques Rousseau, méritaient à juste titre la considération du philosophe, nettement exprimée ci-dessus.

La passion chez Paul Moultou n'exclut pas la délicatesse du sentiment, ni la finesse de la pensée. Une assez bonne opinion de soi accentue sa tendance à la critique et aux sévérités outrées. D'autre part, son ardeur juvénile est neutralisée par quelque penchant à la circonspection et à une sorte de paresse, qu'excuse l'état souvent fâcheux de sa santé.

Paul Moultou était naturellement appelé à faire bonne figure dans le monde. Son aspect engageant contribuait au succès que lui assuraient son esprit, très cultivé, et sa vertu. Il existe notamment de lui, enfant, un portrait en pied, où il est représenté sous un costume de jeune fille, comme une alerte ballerine Louis XV. L'éclat de ses yeux noirs, les traits de la physionomie, la prestesse de l'allure sont des plus séduisants. Ce portrait est, jusqu'à présent, resté dans la famille. Il en existe un autre à la Bibliothèque publique et universitaire de Genève : c'est une fine tête d'ecclésiastique genevois (1). Dans une de ces esquisses littéraires, alors si à la mode, Mme Necker a peint le caractère de Moultou. Elle insiste sur l'éclat des yeux qui décèle le feu de l'imagination et la vivacité du sentiment. La nature avait généreusement doué Paul Moultou au physique comme au moral. Le personnage est brillant et charmeur ; les amitiés qu'il provoque tiennent de l'enthousiasme.

C'est un méridional. Il est né à Montpellier, en 1731 (2). Son père, riche habitant de cette ville,

---

(1) Voir ci-dessus la photographie de ce portrait d'après l'original. Il avait été déjà reproduit par M. Buffenoir, *Portraits de J.-J. Rousseau*, Paris, 1913.

(2) Son arrière-petit-fils Streckeisen, suivi par la généralité des auteurs, le dit né en 1725. La *Correspondance* Rousseau, édition Dufour [et Plan], donne la date de novembre 1731. Encore plus

appartenait à la religion réformée, dont Paul Moultou, en dépit de certaines hardiesses de pensée, est demeuré jusqu'à la fin le disciple convaincu et l'ardent défenseur.

Des relations de parenté ou d'amitié avec des personnages considérables, membres du parlement d'Aix, tels que le procureur général Ripert de Monclar, l'adversaire des jésuites, n'auraient pas mis à l'abri des persécutions ces descendants de huguenots, surtout à la suite du nouvel édit de 1724, cruellement appliqué dans le midi de la France. Il leur fallut émigrer dans la cité dont les traditions religieuses étaient propres à les attirer. Paul Moultou fut conduit par son père à Genève, où il put faire ses études à loisir. En 1748, il est inscrit comme élève à l'Académie.

Au XVIIIe siècle, l'Eglise, aussi bien chez les réformés que chez les catholiques, ouvrait aux intellectuels, sans exiger d'eux une foi absolue, non plus qu'une vie toujours digne d'exemple, une carrière où ils pouvaient décemment satisfaire leurs goûts littéraires. Paris eut ses abbés de salon ; Genève, ses ministres quelque peu mondains.

A l'école de théologie de cette ville, Moultou se prépare d'abord en toute conscience à mériter le titre de « fidèle ministre du Saint Evangile du Christ ». Il fréquentait chez des compatriotes,

---

précis, Ath. Coquerel, celle du 24 novembre 1731. Les Archives de Montpellier sont muettes à cet égard.

Français de naissance ou d'origine, qui avaient su se créer une situation dans les milieux scientifiques et la société de la ville.

« Le respectable Abauzit, » théologien *socinien* aux principes avancés, auquel on attribue quelque influence sur les idées de Jean-Jacques Rousseau, devint une sorte de dieu pour l'enthousiaste enfant de Montpellier. Bourgeois d'honneur de la cité, Abauzit avait été préposé par elle à la direction de la Bibliothèque publique (1).

Moultou s'attacha à un autre savant, du même âge, à peu près, que Jean-Jacques Rousseau, Jalabert, auquel était réservé l'honneur de devenir conseiller et syndic de la République (2). Il vit aussi La Beaumelle, lors du séjour de ce dernier à Genève (3). Celui avec lequel il se lia surtout, ce fut le physicien Georges-Louis Le Sage. Mais, pour l'instant, c'était de théologie qu'il s'agissait.

La thèse qui valut à Paul Moultou, en 1754, la qualité de ministre de l'Evangile, traitait à un point de vue philosophique la question des miracles et l'époque de leur disparition (4).

Tandis que quelques-uns de ses condisciples se

---

(1) Firmin Abauzit, né à Uzès le 11 novembre 1679, mort à Genève le 20 mars 1767.

(2) Jean Jalabert, né 1713, mort 1768.

(3) La Beaumelle, né 1726; à Genève de septembre 1745 à mars 1747.

(4) Elle est en latin: Paulus Moultou, Monspessulanus, *Dissertatio de epocha qua videntur miracula destisse in Ecclesia christiana*, Genevæ, MDCCLIV, in 4°

voyaient obligés d'aller gagner leur vie comme précepteurs à l'étranger, ainsi Reverdil en Danemark, où il eut pour élève le futur roi Christian VII, et Garcin, dit plus tard de Cottens, qui se rendit en Hollande, la fortune de Paul Moultou lui permit de rester à Genève sans rechercher d'emploi rémunérateur. « Ma situation est très aisée, » disait-il lui-même [1]. Dans sa correspondance, Garcin lui témoigne une affection pleine de gratitude et une admiration sans bornes. Reverdil était de Nyon et Garcin de Neuchâtel. Moultou semble s'être moins lié avec ses condisciples genevois proprement dits.

Pendant une dizaine d'années, Paul Moultou devait s'astreindre à prêcher ; ses sermons étaient du reste fort éloquents. Il entreprit un travail de longue haleine sur l'Histoire de l'établissement du christianisme ; il ne le termina jamais. Comme la plupart des Genevois parmi lesquels il vivait, il hésitait à se lancer dans des publications littéraires.

A l'époque heureuse des études, ses camarades et lui se donnaient le plaisir de fréquenter chez un ministre protestant du voisinage. Au presbytère de Crassier, près Nyon, vivait le pasteur vaudois Curchod, avec sa femme, d'origine française, et sa fille qui, au sortir de l'enfance, exerçait de

---

(1) Moultou à Rousseau. Streckeisen, *J.-J. Rousseau, ses amis et ses ennemis*, t. I, p. 15.

grandes séductions sur ces candides et enthousiastes *proposants* de l'Eglise réformée. Suzanne Curchod avait une quinzaine d'années quand Paul Moultou, quelque peu son aîné, parut dans la cure hospitalière de Crassier. Dès lors une sympathie très vive s'établit entre eux. Elle ne devait s'éteindre qu'avec la vie.

La préciosité chez Mlle Curchod ne se laissait pas trop sentir à cet âge tendre et ne choquait guère ces jeunes théologiens curieux de métaphysique. Peut-être même la leur dut-elle. Moultou, qui ne semble pas s'être beaucoup aperçu de ce défaut, dirigeait la jeune personne dans ses études et dans ses goûts. Elle était jolie, vive et enjouée, pleine d'imagination et de sentiment. « Je ne connais rien d'aussi pur, d'aussi céleste que cette âme, » dira d'elle Paul Moultou quelque temps après dans une lettre à Jean-Jacques Rousseau (1). Quand Moultou s'attardait à Crassier, ses amis lui écrivaient qu'il fallait bien « qu'il y fût attiré par certains charmes » (2). Toutefois, ce ne fut pas cette aimable fille du pays de Vaud qu'il rechercha en mariage. Pour passionné qu'il fût, le sentiment qui les anima réciproquement ne dépassa jamais les bornes de l'amitié la plus ardente, respectueuse et reconnaissante chez la jeune fille, respectueuse et presque religieuse chez son aîné.

---

(1) Streckeisen, t. I, p. 90.
(2) J.-L. Garcin à P. Moultou, « paysan à Crassi ».

Le mariage que Paul Moultou contracta était plus brillant au point de vue de la fortune. Dans une maison que l'on admire encore aujourd'hui à Genève, place de la Taconnerie, comme un noble spécimen de style Louis XV, vivait avec ses enfants un Français réfugié, M. Cayla, reçu peu auparavant bourgeois de la République. Il se trouvait tout disposé à accueillir des compatriotes, des amis, des parents peut-être. Paul Moultou, jeune homme distingué, dont les études étaient soignées, revêtu de ce caractère ecclésiastique qui rassure les familles, fut bientôt agréé comme fiancé d'une des filles de la maison.

Malgré son attachement pour Suzanne Curchod, et pour d'autres dames encore, Paul Moultou n'a pas cessé d'éprouver à l'égard de sa femme l'affection la plus tendre. Ce fut après avoir été reçu successivement ministre du Saint Evangile et bourgeois de Genève [1], qu'il célébra cet heureux hymen, le 9 mars 1755.

Marianne Moultou, née Cayla, a été réellement, suivant l'expression consacrée, « le modèle des épouses et des mères ». Femme cultivée, en dépit de son orthographe fantaisiste, et toute de devoir, tolérante et point jalouse, elle s'efforça d'adoucir les frottements qui ne manquèrent pas de se produire entre la nature exubéramment méridionale de

(1) Août 1754 et février 1755.

son mari et l'esprit froidement critique des Genevois de son temps.

Il faut le reconnaître, Paul Moultou ne s'est jamais bien senti chez lui à Genève, la cité du refuge. Dans ses lettres intimes, il montre peu de sympathie pour ses nouveaux concitoyens, qui étaient pourtant des concitoyens d'élection, tout au moins pour ceux qui dirigeaient la politique du pays. « Je n'ai jamais fort aimé, vous le savez bien, ni Genève, ni les orgueilleux Genevois, » écrira-t-il dix ans avant sa mort [(1)]. Cependant son mariage l'avait fait entrer dans un milieu aristocratique, et au XVIIIe siècle, l'aristocratie détenait le pouvoir à Genève [(2)].

Paul Moultou, sa femme, ses enfants, bientôt nombreux, son père, son beau-père, sa belle-famille vivaient ensemble unis dans une tendre communion. En cette douce société de la maison de la Taconnerie, comme en un asile, allaient être recueillis bien des êtres errants, battus par la tempête. Ce fut d'abord, après la mort du pasteur de Crassier, Mlle Curchod avec sa mère. Paul Moultou entoura de sa sollicitude ses anciennes amies, réduites à vivre d'une médiocre pension que leur servait le gouvernement de Berne, souverain du pays de

---

(1) Moultou à Mme Necker, 21 janvier 1777.

(2) M. Cayla maria ses autres filles dans d'anciennes familles syndicales. Il y tenait. Son propre fils, syndic de la garde, à la fin du siècle, devait périr victime de la révolution terroriste de Genève.

Vaud. Suzanne s'était courageusement appliquée à donner des leçons particulières à Lausanne, puis à Genève, aux propres enfants de M. et Mme Moultou. Elle vécut trois ans avec eux, pour ainsi dire [1]. Survint une des belles clientes du docteur Tronchin, Mme de Vermenoux ; son apparition agita quelque peu tout ce monde.

Anne-Germaine Larrivée, orpheline dès la première enfance, avait été élevée à Paris sous la surveillance un peu distante d'un grand-père. Née protestante, elle reçut des leçons du théologien Jacob Vernes — qui tomba, dit-on, amoureux d'elle — puis de La Beaumelle. Mariée très tôt à un coreligionnaire du nom de Girardot de Vermenoux, elle perdit bien vite un mari qu'elle n'avait pas eu le temps d'aimer. La jeune veuve avait à peine vingt ans quand elle vint séjourner à Genève avec l'enfant issu de ce court mariage, Louis-Auguste dit Menou. Elle allait y rester six années. Le banquier genevois Thélusson ayant épousé la sœur de M. de Vermenoux, elle se trouva liée avec des personnages considérables de la cité. En 1758, elle habitait la maison Cayla, mais elle passait l'été, tantôt à Bière chez son beau-frère, tantôt à Bossey, dans une maison de campagne appartenant au Genevois le plus aimable du temps, Gédéon Turrettini, professeur à l'Académie, conseiller et plus tard syndic de la République.

(1) Suzanne Curchod passa à Genève les années 1761, 1762, 1763.

Cette jeune Parisienne était aussi jolie qu'élégante. Un de ses portraits peint au pastel par Liotard, propriété de M. Tronchin, la représente sous les traits d'Iphigénie remerciant Apollon Esculape. Un autre, du même peintre, plein de finesse et de grâce, donné sans doute à Moultou, appartient aujourd'hui à la famille Martin du Pan. Les charmes de Mme de Vermenoux ne tardèrent pas à s'exercer sur la société genevoise. Suzanne Curchod, légèrement son aînée, la trouve froide... froide avec elle peut-être. Elle n'en était pas moins séduisante — pour les hommes surtout. L'enthousiaste et sensible Moultou n'échappa point au prestige.

Trois ans durant, Paul Moultou contracta la douce habitude de voir son exquise voisine, si ce n'est tous les jours, du moins tous les trois jours. « Après Mme de Vermenoux, quelle femme trouveras-tu belle ? » lui écrit son ami Garcin. L'aimable Germaine ne partagea que trop ce goût décidé.

Un jour, Mme de Vermenoux avait reçu, serrés dans un bouquet et tracés de la main de Moultou, ces vers, que M. Eugène Ritter, correspondant de l'Institut, a bien voulu nous communiquer.

Que si j'étais au temps des enchanteurs,
En beau bouquet me transformant moi-même,
Je me verrais chéri de ce que j'aime,
Et malgré vous heureux de vos faveurs.

Dieu ! Quel plaisir quand ses mains caressantes
M'approcheraient de ses lèvres charmantes,
Et que placé tout auprès de son cœur,
Et consumé par sa brûlante haleine,
J'expirerais dans le sein du bonheur
En m'effeuillant dans le sein de Germaine !

Je ne suis point un enchanteur, Madame ;
Que ce bouquet vous peigne au moins ma flamme :
Que ce lis blanc vous montre sa candeur !

Germaine put croire à la vivacité d'un amour qui semble avoir été sincère. Elle se montrait prête à donner suite à la déclaration qui lui était adressée. Mais son ami, qui trouvait dans la Bible un exemple célèbre de retenue, se ressaisit lui-même, se rappela à temps ses devoirs et les rappela, au moins une fois, à « la Belle ». Cela ressort d'un brouillon de lettre de Moultou qui figure dans notre dossier et ne porte aucun nom. En voici quelques passages :

Et d'abord une allusion au roman de la *Nouvelle Héloïse*. L'avaient-ils lu ensemble ?

«Je trouve Meilleries, Madame, partout où vous êtes, mais Saint-Preux ne combattit qu'une fois ! Ai-je donc plus de force que luy ? Etes-vous plus inébranlable que Julie ?...»

Et puis le sens se précise. Moultou continue :

« Non, le Ciel m'est témoin qu'en aucun jour de ma vie, je n'éprouvai d'émotion aussi violente que celle que vous me fîtes sentir hier... Ah ! Madame, qu'il est des situations cruelles ! et que ceux qui n'ont jamais fait de grands sacrifices à la vertu, sont peu capables d'en sentir le prix !... Et je l'aime cependant [la vertu] et je sens que je ne puis être heureux que par elle. Femme adorable ! Pourquoi donc m'exposerais-je à vous fère perdre ce thrésor précieux qui peut seul fère vôtre bonheur ?...

« Veuve à vingt ans, et mère sans avoir senti le bonheur d'être épouse, il ne vous est resté de ce premier lien que l'idée d'un triste et pénible devoir. Non, Madame, ce n'est pas cela. Le mariage a des douceurs inexprimables quand, l'amour présidant à un choix que la raison approuve, on y porte avec un cœur honête le goût de ses devoirs. Voilà l'état, Madame, auquel vous devez aspirer...

« Vous êtes tendre, vous avez besoin d'aimer ; mais il faut à vôtre cœur un amour honnête, un amour qu'il se puisse avouer, un amour qui ne soit point empoisonné par le tourment des remords. Ah ! cet amour, puissiés-vous le conaître ! Le Ciel n'a pas voulu que j'en jouïs [se] avec vous. Que ferais-je donc si je nourrissais dans vôtre cœur des feux criminels qui n'auraient jamais dû s'élever dans le mien ?...

« Voilà, Madame, les dernières paroles que l'amour aura de moy. Quand je ne vous en parlerai plus, en pourrai-je parler à d'autres ? »

Ce qu'il y a de remarquable, c'est que « la Belle » — tel est le surnom que Suzanne Curchod donnait à Mme de Vermenoux — n'en voulut pas à Moultou de tant de continence. Echappés — ou non — aux périls de l'intrigue amoureuse, Germaine de Vermenoux et Paul Moultou se confinèrent dans les limites d'une confiante et durable amitié.

Moultou s'entendait à merveille à mettre l'harmonie dans son entourage féminin. Il saisit l'occasion qui lui était offerte d'associer Suzanne Curchod à Mme de Vermenoux, en procurant comme élève à son amie de Crassier l'enfant de la belle dame, petit garçon alors âgé de deux à trois ans. La situation de la fille du pasteur vaudois n'avait fait qu'empirer à la mort de Mme Curchod, survenue sur ces entrefaites. Suzanne pourrait-elle rester au bénéfice de la pension que le gouvernement bernois avait servie à sa mère ? Le fait est qu'elle se trouva réduite à une rente annuelle de quatre à cinq cents francs. Le célèbre Gibbon, qu'elle s'était flattée d'épouser, battait froid. Moultou s'efforça de ranimer ce pauvre feu britannique en s'adressant à une autorité capable d'exercer quelque influence sur l'historien anglais. Ce fut à ce propos que Moultou fit à Jean-Jacques Rousseau l'éloge chaleureux de sa jeune amie, tel qu'il a été reproduit ci-dessus.

II

RELATIONS AVEC JEAN-JACQUES ROUSSEAU ET AVEC VOLTAIRE

Jean-Jacques Rousseau avait fait à Genève la connaissance de Paul Moultou en cette année 1754, qui date dans l'existence des divers personnages que l'on trouve cités ici. Durant les quatre mois d'été où le citoyen de Genève passa dans sa patrie de si douces vacances, Moultou terminait ses études de théologie. Il subit complétement l'ascendant du maître, son aîné d'une vingtaine d'années. « Nous avons ici M. Rousseau, écrit-il le 25 août 1754. Je le connais particulièrement. Le grand homme! l'excellent homme! Oui, Monsieur, c'est véritablement un homme (1) ! »

Rousseau n'était pas tant connu pour ses essais de musique et ses succès de théâtre que pour son

(1) Bibliothèque publique et universitaire de Genève, manuscrits Court, n° 3.

paradoxal discours sur *les Sciences et les arts*, couronné par l'Académie de Dijon, qu'allait suivre son étude sur *l'Origine et le fondement de l'inégalité parmi les hommes*, dédiée précisément par lui à la République de Genève, et datée déjà de Chambéry, 12 juin 1754, veille de son arrivée dans sa patrie.

Moultou soumit sa thèse de théologie à Rousseau, qui, par la suite, en a pu tirer quelque parti pour ses propres ouvrages. Le jeune ministre s'estimait bon chrétien. Il a tenu à convaincre le philosophe qu'il l'était aussi, en lui appliquant cette belle parole : « Qui pense comme Jésus est son disciple [1]. »

Rousseau, que ses amis se flattaient de retenir au pays, n'y devait plus rentrer. Dès lors la correspondance s'établit. Les lettres de Moultou s'accumulent à partir du jour où l'auteur du *Devin du village*, persistant dans la voie qu'il a jugé bon de suivre, prêche encore davantage la simplicité des mœurs dans sa *Lettre sur les spectacles* [2].

Moultou s'enthousiasme. Montesquieu avait retrouvé « les titres du genre humain » ; il était dépassé. «Vous avez vu plus loin que Montesquieu,»

(1) Moultou à Rousseau. Streckeisen, t. I, p. 27.

(2) La première lettre de J.-J. Rousseau à Moultou, donnée par la *Correspondance* de l'édition Dufour, est datée Montmorency, 15 décembre 1758. Elle est écrite en réponse à une missive de Moultou relative à la *Lettre sur les Spectacles*.

écrit Moultou à Jean-Jacques [1]. Bientôt ce ne sont plus seulement des lettres que l'on échange, mais des ouvrages complets, sermons d'une part, discours de l'autre [2].

Quand *La Nouvelle Héloïse* parut, l'enchantement devint du délire. Le pasteur Vernet n'avait-il pas été l'éditeur de Montesquieu ? Jean-Jacques Rousseau désigna Paul Moultou pour être le sien. Le 29 mai 1761, il le lui demande, et le convoque à cet effet à Paris. Comme le jeune ministre, pour des raisons de famille, ne peut s'y rendre de sitôt, Rousseau se décide à lui adresser deux manuscrits, l'*Oraison funèbre du duc d'Orléans*, prince très pieux, mais assez incolore [3], et, dépôt autrement plus compromettant, la *Profession de foi du vicaire savoyard*. En même temps, il compte sur Moultou pour la rédaction d'une préface de ses œuvres posthumes.

Car, à ce moment, Rousseau se juge très malade et près de sa fin. Ses maux mêmes, dit-il, le rendent injuste à l'égard des hommes et en particulier de ses précédents libraires. Il le reconnaît dans une lettre qu'il adresse à son ami, de Montmorency, le 23 décembre 1761. Cette lettre n'est pas inédite,

---

(1) Streckeisen, t. I, p. 6. *Correspondance*, éd. Dufour, t. V, p. 30.

(2) En décembre 1759, François Favre apporte à Paris, à J.-J. Rousseau, un sermon de Moultou sur le luxe.

(3) Louis, duc d'Orleans, né 1703, mort 1752, fils de Philippe, régent de France, et de Françoise-Marie de Bourbon, légitimée de France, marié à Aug.-Marie-Jeanne, princesse de Bade, aïeul de Philippe Egalité et bisaïeul du roi Louis-Philippe.

et n'a peut-être pas été envoyée à son adresse, mais nous croyons devoir la reproduire d'après l'original, qui est entre nos mains, comme un témoignage irrécusable de l'état d'esprit de Rousseau à ce moment.

« A Monmorenci, le 23 décembre 1761.

« A M. Moultou.

« C'en est fait, cher Moultou, nous ne nous reverrons plus que dans le séjour des justes : mon sort est décidé par les suites de l'accident dont je vous ai parlé ci-devant, et quand il en sera tems je pourrai sans scrupule prendre chez Milord Edouard les conseils de la vertu même.

« Ce qui m'humilie et m'afflige est une fin si peu digne, j'ose dire de ma vie, et du moins de mes sentimens. Il y a six semaines que je ne fais que des iniquités et n'imagine que des calomnies contre deux honnêtes libraires dont l'un n'a de tort que quelques retards involontaires et l'autre un zèle plein de générosité et de désintéressement que j'ai payé pour toute reconnoissance d'une accusation de fourberie. Je ne sais quel aveuglement, quelle sombre humeur inspirée dans la solitude par un mal affreux, m'a fait inventer pour en noircir ma vie et l'honneur d'autrui, ce tissu d'horreurs dont le soupçon, changé dans mon esprit prévenu presque en certitude, n'a pas mieux été déguisé à d'autres qu'à vous. Je sens pourtant que la source de cette folie ne fut jamais dans mon cœur. Le délire de la douleur m'a fait perdre la raison avant la vie ; en faisant des actions de méchant, je n'étois qu'un insensé.

« Toutefois dans l'état de dérangement où est ma tête, ne me fiant plus à rien de ce que je vois et de ce que je crois, j'ai pris le parti d'achever la copie du morceau dont je vous ai parlé ci-devant, et même de vous l'envoyer, très persuadé qu'il ne sera jamais nécessaire d'en faire usage, mais plus sûr encore que je ne risque rien de le confier à vôtre probité. C'est avec la plus grande répugnance que je vous extorque les fraix immenses que ce pacquet vous coûtera par la poste. Mais le tems presse, et tout bien pésé j'ai pensé que de tous les risques celui que je pouvois regarder comme le moindre étoit celui d'un peu d'argent. Certainement j'aurois fait mieux si je l'avois pu sans danger. Mais au reste, en supposant comme je l'espère qu'il ne sera jamais nécessaire d'ébruiter cette affaire, je vous en demande le secret, et je mets mes dernières fautes à couvert sous l'aile de vôtre charité. Le pacquet sera mis demain 24 décembre à la poste, sans lettre, et même il y a quelque apparence que c'est ici la dernière que je vous écrirai.

« Adieu, cher Moultou, vous concevez aisément que la profession de foi du Vicaire savoyard est la mienne. Je désire trop qu'il y ait un Dieu pour ne pas le croire, et je meurs avec la ferme confiance que je trouverai dans son sein le bonheur et la paix dont je n'ai pu jouïr ici-bas.

« R.

« J'ai toujours aimé tendrement ma patrie et mes concitoyens ; j'ose attendre de leur part quelque témoignage de bienveuillance pour ma mémoire. Je laisse une gouvernante presque sans récompense après dix-sept ans de services et de soins très pénibles auprès d'un homme presque toujours souffrant. Il me seroit affreux de penser qu'après m'avoir consacré ses plus belles années elle passeroit ses vieux jours dans la misère et l'abandon. J'espère que cela n'arrivera pas ; je lui laisse pour protecteurs et pour appuis tous ceux qui m'ont aimé de mon vivant. Toutefois si cette assistance venoit à lui manquer, je crois pouvoir espérer que mes compatriotes ne lui laisseroient pas mandier son pain. Engagez, je vous supplie, ceux d'entre eux en qui vous connoissez l'âme génévoise à ne jamais la perdre de vüe, et à se réunir s'il le falloit pour lui aider à couler ses jours en paix à l'abri de la pauvreté.

« Voici une lettre pour mon très honoré disciple. Je crois que j'aurois été son maître en amitié ; en tout le reste je me serois glorifié de prendre leçon de lui. Je souhaite fort qu'il accepte la proposition de faire la préface du recueil de mes œuvres, et en ce cas, vous voudrez bien faire avec M. le Maréchal de Luxembourg des arrangemens pour lui faire aggréer un présent sur l'édition. Au reste si les choses ne tournoient pas comme je l'espère pour une édition en France, je n'ai point à me plaindre de la probité de Rey et je crois qu'il n'a pas non plus à se plaindre de mes écrits. On pourroit s'addresser à lui.

« Adieu derechef. Aimez vos devoirs, cher Moultou ; ne cherchez point les vertus éclatantes. Elevez avec grand soin vos enfans, édifiez vos nouveaux compatriotes sans ostentation et sans dureté, et pensez quelquefois que la mort perd beaucoup de ses horreurs quand on en approche avec un cœur content de sa vie.

« J. J. Rousseau.

« Gardez-moi tous deux le secret sur ces lettres, du moins jusqu'après l'événement dont j'ignore encore le tems, quoique sûrement peu éloigné ; je commence par les amis et les affaires, pour voir ensuite en repos avec Jean Jaques si par hazard il n'a rien oublié.

(Au dos) :

«Si vous venez ; vous trouverez le morceau que je vous destinois parmi ce qu'il me reste encore de petits manuscrits. Si vous ne venez pas et qu'on négligeât de vous l'envoyer, vous pourrez le demander, car vôtre nom y est en écrit ; c'est comme je crois vous l'avoir déjà marqué, une oraison funèbre de feu M. le Duc d'Orléans. »

Avec l'*Emile*, avec le *Contrat Social*, il ne suffit plus d'admirer : il faut prendre en main la défense de l'auteur. Paul Moultou se vante à bon droit d'avoir averti Rousseau du danger qu'il y aurait à publier la *Profession de foi du vicaire savoyard*, qui devait servir de prétexte à la condamnation du philosophe. Jean-Jacques ne tint nul compte de l'avis.

« *Emile* ne fut que le flambeau avec lequel on brûla le *Contrat Social*, » mande Moultou à son ami Reverdil.

Après la condamnation prononcée à Paris (1), qui devait faire accepter d'autre part l'arrêt de destruction des jésuites (2), vint le décret rendu sur réquisitoire du procureur général de Genève Tronchin (3). Moultou s'était évertué à prévenir une mesure aussi grave. Il avait assiégé les pasteurs de l'Eglise et les conseillers d'Etat avec lesquels il entretenait des relations. Il ne trouva d'appui que chez quelques-uns d'entre eux, notamment Jalabert. Son intervention ne pouvait réussir à une époque aussi troublée par les rivalités des partis.

Le Petit Conseil qui gouvernait Genève, se recrutait parmi les membres de quelques familles, presque toujours les mêmes, aux dépens d'une bourgeoisie riche, intelligente et frondeuse, qui

(1) 3 et 9 juin 1762.
(2) 6 août 1762.
(3) 19 juin 1762.

agita l'Etat durant tout le cours du XVIIIe siècle. A la suite d'une querelle de quatre ans [1], la paix fut rétablie en 1738, grâce à la médiation des trois alliés héréditaires de Genève, le canton de Berne, le canton de Zurich et le roi de France. Pendant un quart de siècle cette paix maintint la ville dans un état de prospérité sans égale.

L'affaire Rousseau vint tout gâter [2]. En dépit de Moultou, qui s'efforçait de détourner son monde des résolutions hâtives, l'orgueilleux Jean-Jacques abdiqua sa qualité de citoyen de Genève, dont il s'était paré jusqu'alors comme d'un titre à l'admiration des hommes (12 mai 1763).

Alors les chefs de la bourgeoisie, auxquels Rousseau reprochait déjà de n'intervenir pas assez vite, adressèrent au Conseil plusieurs *représentations*, ou remontrances, contre le décret de l'année précédente, qui avait motivé cette *abdication*. Peu satisfait des appels à la modération de Moultou qui, au lendemain de cet acte regrettable, lui avait fait une visite de douze jours dans la retraite de Motiers [3], Rousseau n'accorda sa confiance qu'aux *représentants*, entre autres le citoyen De Luc. «De Luc est violent ... ; De Luc est un frénétique,» lui répète Moultou, au cours de l'été 1763 [4]. Rous-

(1) Affaire dite du « tamponnement » et exil de l'ancien Premier syndic Jacob de Chapeaurouge.

(2) Cf. le magistral exposé d'Ed. Rod.

(3) 19-31 mai 1763.

(4) Il s'agit de De Luc, Jacques-François. Moultou à Rousseau (29 juin et 27 juillet 1763). Streckeisen, t. I, pp. 99 et 106.

seau s'irrite à la longue. Faisant allusion tout à la fois à des projets de départ et au caractère ecclésiastique de son jeune ami, il lui écrit d'une façon blessante, le 15 octobre : « Vous tenez à changer de pays ; c'est fort bien fait à mon avis ; mais il eût été mieux encore de commencer par changer de robe, puisque celle que vous portez ne peut que vous déshonorer (1) ».

Dix ans après leur première rencontre, leur correspondance s'interrompit. Cependant le ministre de l'Eglise Moultou s'était compromis en prenant parti pour l'auteur de la *Profession de foi du vicaire savoyard.*

« Votre réputation est en danger, lui avait-on écrit en hâte sur un chiffon de papier. On vous prête les idées de Rousseau. Ne soufflez mot. »

D'autre part, comme s'il obéissait aux injonctions du citoyen persécuté, Moultou cessa, dès le mois de juillet 1764, époque de la brouille, de prêcher et de remplir sa charge ecclésiastique (2). S'il avait recommandé la prudence, ce n'était pas calcul de sa part. La rupture vint de Rousseau. Celui-ci avait été plus particulièrement irrité des relations qu'un an auparavant, Moultou venait de nouer avec Voltaire.

---

(1) Rousseau à Moultou, 15 octobre 1763 (et non 1764). *Correspondance de Rousseau*, éd. Hachette, t. XI, p. 164, et Streckeisen, t. I, p. 111, note 3.

(2) En 1765, Moultou renonce à son titre de ministre ; en 1773, il demande sa radiation comme tel des registres de l'Eglise.

Sur cet épisode de la rupture momentanée de Rousseau avec son meilleur ami, il existe un témoignage précieux. C'est celui d'Henri Meister, le futur continuateur de Grimm à la rédaction de la *Correspondance littéraire*. Au printemps de 1764, Moultou avait fort bien accueilli le jeune ministre zuricois. Il l'avait recommandé et adressé tout à la fois à M. de Voltaire et à J.-J. Rousseau, qui lui écrivit encore, vraisemblablement sans la lui faire tenir, une lettre plus froide que d'habitude [1].

Au printemps de 1764, Meister avait accompagné à la promenade le philosophe exilé ; il alla le revoir en automne, après la brouille de Rousseau et de Moultou. Il communique ses impressions à ce dernier dans une lettre datée de Berne, 5 octobre 1764.

« Je n'ai passé qu'un jour avec l'illustre Rousseau, chez M. du Peyrou. Nous parlâmes de Genève. Nous parlâmes de vos sermons, du plan de vôtre Histoire ecclésiastique, de l'étenduë de vos connoissances. Il m'en fit l'éloge come au printems passé. Mais il ne voulut point me parler plus particulièrement de vous. Je suis sûr, Monsieur, qu'il a été prévenu de la manière la plus cruelle contre vos sentimens vis-à-vis de lui. L'émotion que je crus remarquer dans son visage lorsque je parlois de vous, tenoit plus à la tristesse qu'au remord.

(1) Rousseau à Moultou, 7 avril 1764. Voir le *fac simile*.

« On dit beaucoup de bien de M. Rousseau à Motiers. On l'aime, on y respecte même ses singularités. Mais il n'est pas aussi content de ces Messieurs qu'ils le sont de lui. Mlle Le Vasseur que je comence à mépriser de toute mon âme, ne contribuë pas peu à le brouiller avec tout le monde, par sa malice aussi bien que par son imprudence. On s'en plaint même à Motiers.

« Genève, dont il s'efforce de parler avec l'indifférence d'un philosophe, lui tient toujours à cœur. Il se repent d'avoir abdiqué son droit de bourgeoisie, du moins il se repent de l'avoir fait de la manière dont il le fit. M. de Montmollin me dit qu'il le lui avoit avoué assez franchement. Cet homme, ajouta-t-il, devroit jouir d'une sérénité inaltérable, mais il a quelque chose qui l'inquiète et le ronge. C'est un secret qu'il tient bien caché. Ah ! Monsieur, si vous étiez l'objet de cette inquiétude ! Si vôtre amitié !... S'il dépendoit de vous de lui rendre la paix de son cœur ! Je m'égare... Je m'oublie. »

Moultou ayant justifié sa conduite à l'égard de l'ingrat, Meister reprend le sujet dans la lettre suivante, de Zurich, 24 octobre 1764.

« Monsieur,

« L'idée que j'avois de Rousseau a fait longtems une partie de mon bonheur. J'en jugeois par ses ouvrages. Je croïois trouver en lui toutes les vertus de l'home. Il fut longtems mon Idole. Je ne l'adorois pas moins passionément qu'un

Emile l'image de sa Sophie. Vous m'avez ouvert les yeux. Vous m'avez ravi une de mes plus douces erreurs. Je ne vous le pardonnerai jamais, Monsieur, si en même tems vous ne m'aviez pas apris à conoître votre propre cœur. Que le monde révère Rousseau ! Qu'il croïe à Rousseau pour croire à la vertu qu'il nous prêche si fortement ! Je lirai toujours ses ouvrages avec délices. Mais l'âme de Moultou sera désormais pour mon cœur ce qu'étoit autrefois pour lui l'âme de Rousseau. Oui, Monsieur, je ne puis m'empêcher de vous le dire avec toute ma franchise. Je vous respecte presque autant que je respectois mon Idole, et je vous chéris encore beaucoup plus tendrement.

« Vous n'avez sûrement rien à craindre de Rousseau. Quoique je me défie de la délicatesse de ses sentimens, je suis persuadé qu'il a trop de fierté pour chercher à vous faire du tort. Il vous estime et vous estimera toujours. Son intérêt même ne l'oblige-t-il pas à ménager un home avec qui il fut lié aussi intimement qu'il le fut avec vous ?

« Tout ce que je fis pour l'engager à me parler de vous, Monsieur, fut inutile. Il vit d'abord que je vous aimais de toute mon âme. Je ne saurais cacher un sentiment qui m'occupe autant que celui de vôtre amitié. Il ne répondit à tout ce que je lui dis de vous que par des monosyllables, toujours d'une manière fort vague.

« La première fois que je vous nomois, M. du Peyrou chez qui nous étions, dit qu'il n'avoit pas l'honeur de vous conoître. M. R. me prévint et lui dit : « C'est un ministre de Genève. Je vous parlois dernièrement de sa brûlante éloquence. Prêche-t-il encore ? — Non, répondis-je à Rousseau. Sa santé est toujours fort délicate, et puis il eut tant de désagrémens dans son ministère. » Il me regarda comme s'il vouloit lire dans mon âme et ne me dit rien.

« Je lui dis que vous vous occupiez toujours de vôtre Histoire ecclésiastique. — J'en suis charmé. Son plan est bien beau. Il l'exécutera lentement ? Il fait bien. C'est une entreprise qui demande de longs préparatifs. »

« Je lui parlois du départ de vôtre amie, Mlle Curchod : M. du Peyrou qui l'avoit vue à Neufchatel en fit l'éloge. M. Rousseau n'y répondit que par un air moqueur.

« Lorsque je lui parlois de vôtre zèle pour vos amis et pour la liberté de vôtre Patrie, il me répondoit froidement par quelque *oüi-oui* ou rien du tout. Plus j'y pense, Monsieur, plus je me persuade que vous avez raison d'oublier un home qui conut si mal le prix de vôtre amitié. Il m'en coûte de vous le dire. Je suis fâché de l'avoir vû et je voudrois aujourd'hui, ne l'avoir jamais connu que par ses livres.

« Je ne sais si je ne vous l'ai pas déjà dit dans ma dernière. Les gens de Motiers sont contens de Rousseau. Ils l'aiment et respectent même ses singularités. Mais R. les trouve importuns. Il voudroit les quitter pour aller je ne sais où, et peut-être ne le sait-il pas lui-même. Où est le païs qui pût convenir à sa manière de penser ? Je souhaiterois que ce fût un jour l'Isle de Corses [qui lui demandait une constitution].

« Tout ce que je sais c'est qu'il seroit bien aise d'être loin de M. de Voltaire qu'il craint et qu'il déteste de tout son cœur. Il le regarde comme l'auteur de tous les chagrins qu'on lui fait et qu'il se fait souvent lui-même. Il en dit autant de mal que M. de Voltaire en dit de lui. Si le François dit du Genevois qu'il est farouche comme un ours, le Genevois dit du François qu'il est imitateur et malin comme un singe. En bonne foi il y a des momens où le grand Voltaire et le grand Rousseau ne ressemblent pas mal aux Vadius et aux Trissotins de Molière. Que le vénérable Abauzit est grand à mes yeux quand je le compare avec tous ces illustres savans de nôtre siècle ! »

Moultou était donc entré en relation avec Voltaire.

A la fin de cette année 1754, dont on a noté l'importance, due surtout au dernier séjour de Jean-Jacques Rousseau à Genève, Voltaire avait fait une première apparition dans cette ville (1). Quelque temps après, son château de Ferney deve-

(1) Le 12 décembre, jour anniversaire de l'Escalade manquée du duc de Savoie, en l'an 1602.

nait le centre littéraire du monde en même temps qu'un rendez-vous de bonne compagnie. En 1754 aussi, le célèbre docteur Tronchin était rentré de la Hollande dans sa petite patrie, où ses guérisons firent affluer les malades appartenant aux meilleures familles de France.

Moultou avait d'abord partagé les méfiances de Jean-Jacques à l'égard des « philosophes de Saint-Jean, très humbles sujets du comte de Tournay » (1). Mais l'ami de Mme de Vermenoux ne pouvait se tenir à l'écart de cette société polie de brillants seigneurs, de grandes dames, d'hommes d'esprit, qu'attiraient également le médecin de Genève et le philosophe de Ferney.

Lors de l'affaire Rousseau, au printemps de 1762, arriva à Genève la duchesse d'Anville, qui devait constituer, avec Mme de Vermenoux et Suzanne Curchod, la Trinité féminine à laquelle Paul Moultou réserva, pour la vie, ses hommages les plus affectueux et les plus purs.

Mme d'Anville était fille du dernier duc et pair de La Rochefoucauld, de la branche aînée, arrière-petit-fils lui-même de l'auteur des *Maximes*. N'ayant pas de frère, elle et sa sœur, en épousant des cousins du même nom, de branche cadette, leur transférèrent la dignité ducale. Son mari, créé duc d'Anville, à qui Voltaire, grand admirateur de

---

(1) *Les Tronchin et Voltaire*, Moultou à Rousseau. Streckeisen t. I, p. 5. *Correspondance*, éd. Dufour, t. V, p. 28.

la duchesse, a décerné un bel éloge, était mort pendant la guerre maritime de 1745, où il s'était distingué dans la charge de lieutenant général des armées navales (1). Mme d'Anville amena à Genève son jeune fils. Celui-ci relevait le titre du duc et pair de La Rochefoucauld, son grand-père maternel, titre destiné à passer, après sa fin tragique au début de la Révolution, à son cousin Liancourt, fils de la seconde sœur, titrée, elle, duchesse d'Estissac.

Le jeune duc de La Rochefoucauld, fils de Mme d'Anville, connu lui aussi pour sa philanthropie, a laissé des récits de son séjour à Genève, de son voyage aux *glacières* de la Savoie, en compagnie de Jalabert et d'autres savants, ainsi qu'une description bienveillante du gouvernement de la petite République et des mœurs de ses habitants (2).

Mme d'Anville, alors âgée de quarante-six ans, était une duchesse très libérale, généreuse comme son fils et son neveu, cultivée, spirituelle et maligne, pour ne pas dire moqueuse. Elle fit le meilleur accueil au ministre Moultou, avec lequel, religieuse aussi, elle engagea des conversations sur des sujets

(1) Ne pas confondre le duché d'*Anville* (orthographe exacte) aux La Rochefoucauld, avec l'ancien duché de *Damville* aux Montmorency. D'Enville est l'orthographe ordinaire de notre dossier. La duchesse signe *Larochefoucauld d'enville*.

(2) Annuaire du *Club Alpin*, éd. Raulet, 1893. — Bibl. nationale, français, vol. 14657.

qui leur étaient chers et familiers. Les bords de l'Arve et du Rhône à Plainpalais, étaient le lieu de promenade favori — la promenade des deux rivières — où l'on discutait théologie, philosophie, politique et littérature.

Moultou devint un habitué du salon élégant que Mme d'Anville se créa à Genève, dans la maison de Chapeaurouge, à l'ombre de la cathédrale de Saint-Pierre, non loin de la Taconnerie. Il eut l'occasion d'y défendre Jean-Jacques Rousseau et devant le docteur Tronchin, que la duchesse traitait en ami, et devant M. de Voltaire. Car il fallut bien qu'il rencontrât M. de Voltaire dans ce salon éclectique où Mme d'Anville, attristée, mais aussi amusée des querelles de la cité, recevait les chefs des différents partis (1).

La France n'était pas oubliée, ni surtout les malheureux coreligionnaires que Moultou y avait laissés. Le célèbre Antoine Court lui envoyait des rapports sur les Eglises du désert ; il évaluait le nombre des réformés habitant la France au chiffre de 1.500.000 âmes, « le dixième ou le onzième du royaume, » dans une lettre soumise à Voltaire, qui l'a annotée en marge avec ces mots : « Voilà un bien mauvais calcul. (2) »

Moultou s'employait activement en faveur des

(1) Moultou à Rousseau, 7 juillet 1762 : « Je trouvai par hasard Voltaire chez Mme d'Enville. » Streckeisen, t. I, p. 50.
(2) Ant. Court à Moultou, 16 janvier 1763.

protestants persécutés, spécialement de misérables galériens, auprès des personnes de qualité qu'il connaissait à Paris. Un homme très répandu dans la société des Choiseul, l'abbé Quesnel, ami de l'abbé de Mably et du procureur général de Monclar, assistait Moultou dans cette croisade. Ce fut par lui que la duchesse de Gramont fit dire à Moultou de s'adresser à cet effet à M. de Voltaire. Telle est l'origine de relations qui ne tardèrent pas à devenir intimes.

La collaboration de Voltaire et de Moultou en faveur des religionnaires fut des plus actives. Il s'agit d'abord de sauver les Calas, puis les Sirven, enfin d'autres victimes moins célèbres des persécutions. Les lettres, les invitations, les visites s'échangent de plus en plus fréquentes et cordiales. Passant du particulier au général, le ton de la correspondance s'élève. C'est la lutte pour la tolérance et surtout pour la reconnaissance des mariages protestants. Voltaire s'employait auprès des grands, des Choiseul, des Praslin, des Richelieu. Il encourageait Moultou à faire de même. « Vous endoctrinerez Mme la duchesse d'Enville mieux que moi, » lui dit-il. L'œuvre commune se faisait dans les termes les plus affectueux. « Mon cher philosophe, disait Voltaire, mon cher frère en un seul Dieu... Je regarderai comme la consolation de ma vie l'amitié d'un homme tel que vous. » Les déclarations de Voltaire sont de plus en plus exaltées. « Je vous embrasse bien tendrement et je vous aime autant que je vous estime... Il y a des philosophes qui ne savent que haïr. J'en connais d'autres qui savent aimer. » Il semble que Voltaire veuille arracher Moultou à l'influence de Rousseau. Il faut reconnaître que cette intimité avec Voltaire était plus efficace pour le bien du genre humain que l'amitié de Rousseau (1).

Dans ses dernières lettres à Jean-Jacques, Moultou croyait excuser sa rencontre avec Voltaire, chez Mme d'Anville, en alléguant qu'il y venait soutenir la cause des Calas, dont il recueillit même chez lui la famille (2). L'excuse était heureuse ; elle ne porta pas. Mme d'Anville, elle, s'était réjouie de la brouille de Moultou avec Jean-Jacques, d'autant plus que les *Lettres de la montagne*, qui nient les miracles et, disait-elle, tendent à bouleverser l'heureuse Genève, achevèrent d'exaspérer la société contre leur auteur.

« Je suis indignée de ses *Lettres de la montagne*, écrit la duchesse d'Anville à Moultou, le 16 janvier 1765... Elles ont rebuté tous les gens de bon sens. L'abbé de Mably est du nombre. »

Mably avait exprimé sa réprobation dans une lettre adressée à Mme Saladin. Suzanne Curchod mande à Moultou :

« Modérez-vous, mon cher ami, l'épître est de

---

(1) Cf. Dans la *Correspondance générale* de Voltaire (éd. Garnier) lettres du 2 février 1763, du 2 mars et du 9 novembre 1764, du 7 avril 1766, etc. — Saint René Taillandier ; Coquerel ; Gaberel ; *vide su ra.*

(2) Streckeisen, t. I, p. 57.

l'abbé de Mably. J'ai dîné l'autre jour avec lui ; il est navré de ce qui lui est arrivé. Il n'avoit écrit que pour Mme Saladin. Rousseau lui a envoyé une copie de cette lettre, en lui demandant si elle étoit de lui : il a été obligé d'avouer la vérité. Je n'ai pas le tems d'entrer dans les détails. »

Moultou persistait à prendre la défense du philosophe, bientôt accablé, et comme anéanti, par les libelles de Voltaire [1]. Mme d'Anville marque son étonnement dans une lettre adressée à Moultou, alors qu'il se trouvait absent de Genève et qu'elle-même y faisait un nouveau séjour. Nous respectons l'orthographe de la duchesse comme celle des autres correspondants.

« A Monsieur

« Monsieur Paul Moultou, à Montpellier.

« Genêve, ce 14e juillet.

« Ouy, Monsieur, je suis à Genêve et ce n'est pas sans regret que je m'y trouve privé des charmes de votre conversation. Hélas, ce que j'ay perdue me rend bien nécessaire les ressource faite pour

(1) Voltaire, provoqué par un passage des *Lettres de la montagne* où Rousseau le designait comme l'auteur du scandaleux *Sermon des Cinquante*, ripostait avec le *Sentiment des citoyens* et la *Guerre civile de Genève*. — Rousseau à Moultou, 9 mars 1765 : « Pendant que nous ne nous écrivions pas, je me plaignois de vous et vous vous occupiez de ma défense. » *Correspondance générale* (édition Hachette, 1865), t. XI, p. 230.

plaire à mon cœur, jugée donc si vous ne me manqués pas. Mes amis ont pour moy des attentions dont je sens tout le prix.

« Je ne juge pas de votre païs par les idées que vous m'en donnés. Il y a de la philosophie, du bon sens, ce qui vaut mieux encore de la vertu, et de l'esprit certainement, quoyque l'imagination n'y joue pas comme en Languedoc le premier rolle. Rousseau vous rend injuste pour les Genevois et pour l'abbé de Mably. Vous accorderiés plus de lumières à vos compatriotes, si le *Contrat Social* et l'*Education* n'ussent jamais parut. Le feu qui a brûlés ces ouvrages a consumé en même tems toute la clarté dont les testes genevoises brilloient auparavant. Vous ne les avés plus regardé que comme des estres dont la sphère trop rétrécit ne pouvoit appercevoir les grandes vérités qui leur étoient annoncées. La chaleur de votre imagination et la sensibillité de votre cœur afoiblit dans de certaines circonstances les lumières de votre génie. Vous sentés pour lors plus que vous ne voyés. La force de votre sentiment obscurcit un peut vos lumières. Vous pouvés vous souvenir que nous avons quelquefois parlés ensemble sur ce ton, ainsy j'espère que vous me permetté de n'en point changer.

« Pour continuer donc avec la même liberté, il faut que je vous témoigne ma surprise de votre constance pour un amy qui n'a plus voulut l'estre, qui n'a surement sentit ny votre valeur ny vos sacrifices, qui a insérés dans les *Lettres de la mon-*

tagne un morceau que j'ay crut estre de votre stille quand je les lut à Paris. Cette idée me fit frissonner. Je ne vous en parle qu'en tremblant. Si j'ay mal jugée, je m'en réjouit, une pareille trahison mériteroit la haine de tous les honnestes gens.

« Il faut présentement dire un mot de l'abbé de Mably, que vous ditte homme sans génie. Ce n'est pas ainsy que nous le jugeons en France. David Hume qui a lu son dernier ouvrage est d'un avis tout différent. Avoués encore que sa lettre à Madame Saladin au sujet des *Lettres de la montagne* a un peut défiguré ces ouvrages à vos yeux, ceux de votre esprit voyent si loin que vous ne pouvés en faire trop d'usage. Vous serés peut-aistre un jour bien surprit de ne plus trouver ces mêmes vertus qui vous avoient enflamés. Elles seront toujours dans votre cœur, c'est là où je les puiseroie plus volontiers que dans celuy d'un homme qui veut sacrifier à sa vengeance le particulier et le repos de sa patrie.

« Pardon, mille fois pardon, je croit causer avec vous autour des rivières. Vous me demandé le tems de mon séjour, il dépend de la santé de ma fille qui est un peut meilleur, grâce à mon docteur. Je serois charmée de vous voir quand ce ne seroit qu'un moment. Je resterés sûrement le mois de septembre. Faite des reproches à Mlle Cailla que je voit très peut malgré toutes mes avances. J'en ferés toujours aux personnes qui vous intéressent. Mon amitié en est un sûr garant. Mon fils et ma fille vous regrette tous les jours ; ils vous disent mils choses. »

Ainsi se terminait la première phase des relations de Paul Moultou avec Jean-Jacques Rousseau, le ci-devant citoyen de Genève.

C'était aussi à cette époque qu'avaient pris fin les rapports journaliers de Moultou avec ses trois belles amies.

III

L'EXODE DE GENÈVE. — LA CORRESPONDANCE

Comme si les troubles civils eussent rendu le séjour de Genève moins enchanteur, le moment vint où cette aimable société se sépara. Les belles dames rentrèrent à Paris, où le docteur Tronchin se disposait à s'établir lui-même. C'est tant mieux pour nous, puisque leur correspondance nous reste. Mme d'Anville avait quitté d'abord. Mais ce qui dut causer un réel chagrin à Paul Moultou, ce fut, au printemps de 1764, le départ simultané de ses deux meilleures amies, Mme de Vermenoux et Mlle Curchod. Après six ans de séjour à Genève, l'une emmenait l'autre à Paris, rue Grange-Batelière, pour continuer l'éducation de son fils.

Dès lors, Moultou entretient une triple correspondance à Paris avec Mme d'Anville, avec Mme de Vermenoux et avec « Mlle de Naz », nom qu'avait adopté Suzanne Curchod. Celle-ci est l'objet de toutes les sollicitudes de Moultou. Il la recommande aux personnes influentes avec qui il se trouve en rapport, et, de son côté, elle ne fait rien sans le consulter. L'ancien ministre de l'Eglise de Genève devient, par correspondance, une sorte de confesseur.

Mme d'Anville, qui s'était entremise auprès des autorités bernoises pour continuer la pension de Mme Curchod au profit de Suzanne, s'apprêtait à lui faire bon accueil.

Moultou échangeait avec la duchesse des lettres familières. Elle lui écrivit dès le début :

« Retranché, je vous prie, de vos letres le *Madame* en vedette et les complimens de la fin qui ne conviennent point avec ces amis (19 février 1764). »

La duchesse appréciait en tout le naturel. Elle écrit à Moultou :

« Je suis bien aise que Mlle Curchot ait trouvé une place, en doutant cependant qu'elle soit aussy heureuse icy qu'elle étoit à Genève. Simplifiés la pour son arivé ; elle ne réüssira ny avec sa méthaphisique, ny avec sa coiefure, au nom de Dieu simplifiés la. »

On sait qu'à Paris la préciosité de la jeune Vaudoise ne lui porta pas un si grand préjudice auprès des beaux esprits de la capitale. Au bout de quelques mois d'un séjour assez difficile chez Mme de Vermenoux, elle renonça à certains projets de mariage pour enlever au caprice et aux irrésolutions de « la Belle » le riche banquier genevois Jacques Necker [1].

Dans ces conjonctures, Paul Moultou n'avait pu renoncer à son rôle, devenu ici très délicat, de directeur de conscience, de « censeur », comme il disait. Suzanne lui mandait encore à cette époque : « Je suivrai vos conseils, mon cher. »

Se passa-t-il dans la maison de la rue Grange-Batelière une de ces scènes qui rappellent quelque peu, mais en toute correction, la rupture des relations de Mme du Deffand avec Mlle de Lespinasse? Le fait est que le moment du mariage fut caché à Mme de Vermenoux et que les époux lui laissèrent un billet très court pour expliquer leur départ précipité. L'excuse porta sur la crainte du chagrin qu'une telle séparation ne devait pas manquer de causer (décembre 1764).

« Mille et mille pardons, Madame, pour la petite supercherie dont je viens d'user avec vous ; mais, mon cœur n'a pu se résoudre à tout l'attendrissement de nos adieux... Ma maladie a engagé M. Necker à précipiter notre union. » Telles furent les lignes que Suzanne laissa écrites chez Mme de Vermenoux et que celle-ci envoya à M. Moultou. Rien d'étonnant qu'après cela ces dames, tout en

---

(1) Fils d'un professeur à l'Académie de Genève, originaire de Custrin, et d'une Genevoise de la vieille famille Gautier, Jacques Necker dirigeait, rue Michel-le-Comte au Marais, une maison de banque, qu'après un certain temps d'apprentissage, il avait reconstituée avec M. Thélusson, le beau-frère de Mme de Vermenoux.

continuant à se voir, n'aient plus gardé l'une pour l'autre qu'une médiocre sympathie (1).

Mme de Vermenoux demeurait désespérément seule. Elle se flatta que Moultou viendrait s'établir à Paris. Ce projet n'était pas nouveau. Il en avait été question, on le sait, quelques années auparavant. Il s'agissait de rejoindre Rousseau. Or, en cette année 1764, Moultou était en froid avec le philosophe, et, de cette brouille, les amis ont noté avec soin les péripéties. Voici qu'au bout de quelques mois de rupture, Moultou ne peut se tenir de se réconcilier. A la fin de décembre, il rompt le silence et, dès le début de 1765, le philosophe s'adoucit. «Votre silence obstiné me navra l'âme,» lui écrit-il. Moultou est ressaisi par ses sentiments d'admiration et Jean-Jacques Rousseau, chose extraordinaire, lui rend un peu de sa confiance (2).

Des circonstances de famille ne permettent pas

(1) Mme Necker à Mme de Vermenoux, décembre 1764.

(2) Suzanne Curchod à Moultou, 19 juillet 1764 : « Vous êtes mal avec Rousseau » 12 octobre 1764 : « Votre désunion. » Meister à Moultou (*vide supra*), 5 octobre 1764 : « Il a été prévenu de la manière la plus cruelle contre vos sentimens vis-à-vis de lui. » 24 octobre 1764 : « Vous avez raison d'oublier un homme qui connaît si mal le prix de votre amitié. » Le 19 août 1765, Garcin écrit à Moultou qu'il le sait réconcilié avec Rousseau. — Cf Moultou à J.-J. Rousseau, Genève, 23 décembre (et non *novembre* : Streckeisen, t. I, p. 111 ; ni *1763* : *Annales J.-J. Rousseau*, t. XV p. 274). Moultou faisant allusion a la dernière lettre qu'il a reçu de Rousseau, 15 octobre 1763, lui écrit le 23 décembre 1764 : « pendan quinze mois le chagrin a surchargé mon âme. » Rousseau répond à Moultou, le 7 janvier 1765 (*Correspondance générale*, éd. Hachette, t. XI, p. 194) : « Votre silence obstiné me navra l'ame, » et le 9 mars 1765, *vide supra* : « Pendant que nous ne nous écrivions pas. »

plus à Moultou de se rendre aux appels réitérés de Mme de Vermenoux qu'à ceux de Rousseau. Tout au moins il contribue à faire venir chez elle, à Paris, le jeune Zuricois Meister, en qualité de précepteur du fils, et de consolateur de la mère.

La négociation, dans laquelle s'entremit M. de Fellemberg, dura un certain temps. Enfin, au mois de mai 1766, Meister arrive à Paris, pour un premier séjour, qui devait durer dix-huit mois. Il est enchanté.

« La maison de Mme de Vermenoux est le temple des plaisirs et du goût, écrit-il le 15 mai à Moultou, et la Divinité qu'on y révère est votre meilleure amie. »

Il est vrai que l'éducation de son élève, dans laquelle, somme toute, il remplaçait Mlle Curchod, l'intéressait moins que la vie littéraire de Paris, et il pressait Moultou de l'y rejoindre, plutôt que de se laisser absorber par les querelles politiques de Genève.

L'affaire Rousseau, le départ des belles amies, l'incompatibilité d'humeur avaient détaché de plus en plus Moultou de ses concitoyens de Genève. Avec beaucoup de justesse, la spirituelle duchesse d'Anville avait écrit à Moultou : « Rousseau vous rend injuste pour les Genevois. » Partageant pour eux l'estime que ressentait son fils, elle plaidait leur cause devant Moultou. Peine perdue.

A défaut de Paris, il pense même un instant à se fixer à Berlin, comme s'il considérait que cette ville était, à l'étranger, la plus française du continent. Malgré la guerre de Sept ans qui venait de finir, ce n'était pas un crime de lèse France que de fréquenter chez le grand Frédéric. Le roi de Prusse n'était pas parvenu à décourager l'admiration de la gent philosophique. Dans sa jeunesse, Moultou l'avait pris pour son héros. « O mon Julien, mon héros ! Quel homme, mon cher Favre, » écrit-il à son ami. Et puis le roi, représenté par Mylord Maréchal, n'avait-il pas donné asile au citoyen de Genève, et Mylord Maréchal n'engageait-il pas Moultou à rejoindre ses coreligionnaires réfugiés en Prusse ? Heureusement qu'une fois encore, la présence de M. Cayla retint son gendre à Genève.

Moultou chercha à se distraire d'une autre façon. Pendant huit années de va et vient, de 1765 à 1773, il contracte l'habitude de fréquentes pérégrinations dans le midi de la France. Il se sent attiré à Montpellier comme par une sorte d'attachement à la ville où il est né, non moins que par des raisons de santé, et à Marseille par le souci de sa fortune. Il y possède des propriétés, il a des intérêts dans l'expédition des vaisseaux de commerce. Mme d'Anville s'emploie à le munir des passeports nécessaires. « Ne prêchez ni Calvin, ni Rousseau, » lui recommande-t-elle (7 février 1765) (1).

(1) Avec un certain courage, Moultou tenait à ce que son passeport mentionnât encore sa qualité de ministre de l'Église de Genève.

La duchesse ne désarmait pas contre Rousseau et cherchait encore à détacher de lui Paul Moultou. Elle crut que la brouille avec Hume aurait cet effet. Elle lui écrit lettre sur lettre.

« Paris, ce 21 juillet.

« Je vous ai promis une seconde lettre, Monsieur. Ce n'est point dans cette occasion que je serois tantée de menquer à ma parole. Peut-estre trouverés-vous que notre commerce ce ranime trop vivement, mais dans l'instant que vous allés perdre un ami, il faut bien vous en conserver une autre. Je tremble en vous nommant J.-J. Rousseau qui vient de démasquer son caractère par un procédé qui luy enlève tous ses amis. Peut-estre dans votre consciance en serés-vous moins surpris qu'un autre.

« Voicy le fait si vous ne le savés pas déjà.

« M. Hume qui ne connoissoit Rousseau que par ses ouvrages dont il faisoit une médiocre estime, fut engagé par Mme de Boufler à le conduire à Londres et à s'y établir. Il luy a rendu des soins que l'on ne peut exiger que [de] son propre frère. La bonté de son âme n'en est même demeurée là. Croyant sa fortune très mauvaise, il a voulu contribué à l'augmanter. Pour cet effet il est convenu avec luy de demender une penssion au roy d'Angleterre. Rousseau y a consenti à condition que cette négociation demeuroit secrète, ce qui a été accordé. Au bout de quelque tems l'homme de bien a récrit à M. Hume qu'il désiroit que cette grâce fût publique. La crainte de compromettre le roy jusqu'à l'acceptation du philosophe a fait reffuser pour un tems sa demande. Pour lors le législateur s'est emporté contre son bienfaiteur au point de luy écrire les injures les plus cruelles...

« L'on ajoute que Rousseau luy a fait faire toutes ces démarches pour obtenir sa penssion, bien résolu de la reffuser pour un prétexte pour se brouiller avec [un] homme dont les biensfaits luy devenoient trop à charge.

« Ne croyés point pour cette fois que ce mystère d'iniquité ait été invanté pour luy faire tort. C'est un fait dont personne ne peut doutter. Tous ses amis l'abandonne. Ceux qui en parlent mieux le déclare fol. Vous ne pouvés pas vous peindre le bruit que fait cette querelle. Il n'y a personne icy qui ne connoisse M. Hume. Il a vécu avec tous les états, tous les âges et tous les caractères, et tout le monde a pris de luy la mellieure opinion. Son âme est honeste et vrai, c'est la bonnehommie même. Personne ne peut supporter qu'il ait été la dupe d'un hipocrite. On ce réjouit qu'un homme aussi dengereux soit enfin démasqué, mais on pleure qu'un aussi beau génie soit uni à une âme si attroce.

« Quel bonheur pour Genève si son caractère avoit été connu trois ans plutôt ! Sa patrie couleroit encore ses jours dans la paix et dans l'union. Il a échauffée les têtes, il a bouleversés les esprits. Tous ses citoyens sont malheureux par sa pernicieuse éloquance. Et quel charme présentement assés fort peut ramener les esprits au vrai ? Il l'a perdue, sa pauvre patrie, et qui la sauvera ?...

« Je me contante de me féliciter de vous avoir mis sous les yeux une vérité qu'il vous étoit très important d'apprendre, proffités-en pour ne jamais livrer votre belle âme à des apparences trompeuses. »

Moultou ne se laissa pas persuader. Il n'était pas homme à se retourner contre ceux qu'il avait une fois aimés. Mais on conçoit qu'il ait quitté volontiers Genève à ce moment. Il conduisit d'abord dans le midi son vieux père, malade de la pierre, afin de consulter, à la faculté de médecine de Montpellier, son ami M. de Lamure, un rival, en quelque sorte, du docteur Tronchin. Il y revint deux ans après, cette fois pour la santé de sa femme. Les nouvelles politiques de Genève, les malheurs de Rousseau, l'état de son père l'attristaient. Il écrivait régulièrement à ce dernier et lui faisait des confidences : « Depuis longtemps, je suis bien malheureux, de grosses pertes, de terribles dépenses, » dit-il au mois d'août 1768. M. Moultou père, soigné par Cabanis, souffrait de plus en plus de ses infirmités. Il s'éteignit au retour de ce fils bien aimé (1).

(1) Lettres de Lamure à Moultou, « son grand ami, » et de Venel 1763, 1767. Moultou à son père ; M. Moultou père à son fils, mai-septembre 1768. Castillon à Moultou, 1769-1773. Delisle à Moultou, Aix, 1763-1770.

A Aix en Provence, Moultou avait retrouvé d'anciens amis du parlement, MM. de Monclar, de Castillon, de La Tour, qui se solidarisaient avec le parlement assez agité de Bretagne, dont le procureur général La Chalotais était entré en lutte avec la Cour. C'étaient encore des ennemis des jésuites. Moultou se lia aussi particulièrement avec le marquis de Villevielle, l'ami de M. de Villette. Il se vante d'avoir fait triompher, dans une élection académique de province, la candidature du «vertueux Le Sage» sur celle du naturaliste genevois Charles Bonnet, qu'il ne pouvait souffrir. En même temps, il s'occupait d'affaires avec des négociants dont il était l'associé à Marseille, à Montpellier et ailleurs (1).

Pendant ses séjours dans le midi, Moultou faillit rencontrer son ami Jean-Jacques, échappé de Wootton et de Trye. Au mois de juillet 1768, la présence du philosophe errant est signalée à Lyon. On suppose qu'il a l'intention de se rendre ou à Marseille, ou à la Sainte-Baume, ou à Pesenas, ou au beau château de Lavagnac.

Rousseau parcourait le Dauphiné comme s'il fuyait de prétendus persécuteurs. De Bourgoin, où il épouse enfin la fameuse Thérèse, il écrit le 9 janvier 1769, une lettre à un ami de Moultou, Beauchateau, qui la transcrit mot à mot dans une

(1) MM. Rabaud et Jugla.

missive adressée de Genève à Moultou, le 18 mars suivant.

M. Rousseau à M. Beauchateau.

« A Bourgoin, le 9 janvier 1769.

« Hier, monsieur, je reçus par le canal du sieur Guy, libraire à Paris, avec des *Etrennes mignones*, vôtre lettre du 7 septembre 1768.

«Mes ennemis ont toûjours parlé, mes amis, si j'en ai, se sont toûjours tus. Les uns et les autres peuvent continuer de même. Je ne désire point qu'on me loue, encore moins qu'on me justifie; j'approche d'un séjour où les injustices des hommes ne pénètrent pas. La seule chose que je désire en les quittant est de les laisser tous heureux et en paix.

« Adieu, monsieur ».

Mauvais moment pour l'approcher ! Peu après, Moultou alla le voir quand même, en traversant le Dauphiné, et il fut bien reçu.

Garcin mande à Moultou, de Nyon, «jeudi soir,» la curieuse anecdote suivante :

« Un homme a passé il y a trois semaines ici, avec une fille, chargés de papiers, allant à pié, et après s'être reposés dans une campagne voisine, après s'être chauffés et avoir demandé à M. Girard, maître de la maison : « Que dit-on de Voltaire ? Que dit-on de Rousseau ? » ont dîné à Nyon, ont fait marché avec un voiturier et se sont transportés à Lausanne. L'inconnu a fait ici un second marché pour se faire transporter à Pontarlier, et a chargé le second voiturier de payer le premier, comme il avoit chargé celui-ci de payer sa première voiture entre Copet et Nyon, et son dîner à l'auberge de Nyon. Le voiturier a conduit les deux voyageurs à Pontarlier. L'inconnu lui a remboursé sa caution, lui a payé sa voiture, et lui a dit : « Connoissés-vous celui que vous avés conduit ?

— Non, monsieur.

— C'est Jean-Jacques Rousseau, de Genève. »

«Cela s'est passé il y a trois semaines, mais on ne le sait que d'hier, au retour du voiturier. Voilà qui te surprendra, surtout si tu n'as rien su de cette équipée. »

Enfin Rousseau arrive à Paris, à la fin de juin 1770. Meister l'annonce à Moultou en ces termes :

« Je me presse de vous apprendre la nouvelle la plus intéressante que j'aïe à vous donner de ce Païs-ci, c'est l'arrivée de votre ami J.-J. J'ai déjà eu le bonheur de le voir deux fois. Je lui ai parlé de vous, cela suffisait pour en être bien reçu. Il est ici aussi publiquement que s'il n'avait jamais été question de le décréter. Cependant le décret n'est point levé. On le voit dans les promenades et dans les caffés. Plusieurs personnes de la première distinction ont été le voir dans l'hôtel garni où il demeure. Son arrivée a fait événement. Il a été deux ou trois jours de suite au caffé de la

Régence pour y jouer aux échecs. Dès que la nouvelle en a été répandue dans Paris, le caffé est devenu un spectacle. Les curieux s'attroupaient là, come à la porte de la Comédie et l'on se demandait : « Est-il arrivé ? » Mais le philosophe s'est bien gardé d'y retourner. Le Prince de Lignes a été le voir pour lui offrir un azile à Bruxelles, en cas qu'il en eût besoin. Il est aussi recherché que jamais. Son Pigmalion a eu le plus grand succès à Lyon, où il a été éxécuté sur le Théâtre de l'Hôtel de ville. On ne doute pas qu'il ne soit demandé à Fontainebleau, et il m'a fait entendre lui-même qu'il ne le refuserait pas, quoiqu'il soit décidé d'ailleurs à ne plus rien donner au Public. Il a quitté son habit d'Arménien. Je l'ai trouvé si engraissé, si bien portant, que j'ai d'abord eu de la peine à le reconaître.

« On a fait courir ici, sur le changement de son habillement, le conte le plus absurde, mais il est trop répandu pour que je ne vous le dise pas. La chronique scandaleuse dit donc qu'à Lyon, pendant qu'on répétait son opéra, un frère Jacobin, trouvant Mme Rousseau seule dans un boudoir du théâtre, profita de l'occasion pour lui faire sa cour à la manière du Père Fatutto, que R. revenant plutôt qu'on ne l'attendait, fut témoin oculaire de son accident, mais qu'il se retira aussitôt, sans être aperçu, en mari discret, et que de ce pas, il alla trouver un tailleur fripier pour achetter un habit galonné et des dentelles, que sous ce nouveau déguisement il vint retrouver tranquillement Mme R., fort étonnée de le voir métamorphosé ainsi, mais qu'il lui répondit avec beaucoup de sens froid : « Comme vous m'avez mis dans la classe commune, il est tout simple que je porte l'uniforme de tout le monde. »

« Je vous prie de me dire d'où peut venir cette absurdité. Serait-elle le sujet d'un nouveau chant de la *Guerre de Genève ?* Il n'y a personne ici, pas même des meilleurs amis de M. de V., qui ne soit fâché de la manière dure et brutale avec laquelle il a refusé la souscription de J.-J. [pour sa statue]. Mais la haine littéraire ne conoit pas plus de bornes que celle des dévots. »

Le premier moment de curiosité passé, Rousseau put mener sa vie retirée sans être aucunement dérangé. Il semblait oublié. Moultou lui-même, qui relevait alors d'une très grave maladie, avait laissé tomber sa correspondance. Ce n'était pas qu'il préférât « l'infâme Voltaire » à Rousseau, qu'il n'avait jamais cessé de respecter et d'aimer (1). Il devait le revoir à Paris, mais le jour de la rencontre n'était pas encore venu.

A Genève, un champ nouveau d'activité s'ouvrait à lui. « Le vénérable Abauzit » était mort, le laissant son exécuteur testamentaire (2). D'accord avec les héritiers de France, entre autres, M. de

(1) Moultou à Meister, Ritter et Usteri, p. 24.
(2) En 1767.

Lisleroy de Saint-Quentin, chevalier de Saint-Louis, lieutenant du tribunal des maréchaux de France, Paul Moultou dirige la publication des œuvres de ce savant, aidé de son ami Garcin, qui était rentré au pays en même temps que M. Reverdil. Une maison genevoise préparant de son côté une autre édition d'Abauzit, Moultou eut à défendre ses droits dans une querelle qui fut peu favorable à son repos et à son état de santé. Il dut aller se soigner aux eaux d'Aix, en Savoie (1).

Bientôt voici que ce partisan des bourgeois *représentants* pénètre pour quelque temps dans la vie politique de la cité.

La situation créée par l'affaire Rousseau se détendait. Les troubles, que Voltaire raconte burlesquement dans sa *Guerre de Genève*, avaient provoqué de nouveau l'intervention pacifique des médiateurs de 1738. Cette tentative ayant échoué, le Petit Conseil aristocratique se résigna à promulguer un édit portant que la moitié du Grand Conseil intermédiaire des Deux-Cents serait élue par le Conseil général, c'est-à-dire l'assemblée plénière des citoyens et bourgeois. A part l'agitation des *natifs*, fils de réfugiés, qui n'étaient pas plus généreusement traités par les *représentants* bourgeois que par les aristocrates *négatifs*, mais que Voltaire

(1) En 1771. La maison Philibert et Chirol préparait une édition d'Abauzit, à Genève. Celle de Moultou devait paraître à l'étranger. Cf. *Œuvres diverses de M. Abauzit*. T. I (théologie), Londres, 1773, in-8°; t. II (antiquités), Amsterdam, 1773, avec un éloge de Berenger.

soutenait, Genève connut quelques années de repos.

Les bons esprits travaillaient à la réconciliation générale. Ils la fondaient jusque sur le terrain des sciences. Avec un horloger du nom de Louis Faizan, l'illustre naturaliste H.-B. de Saussure créait la Société des Arts, sorte d'académie genevoise, directrice de classes d'instruction variées, qui existe encore aujourd'hui. A côté d'aristocrates avérés, on y vit figurer, au début, les Reybaz et les Clavière, qui devaient jouer leur rôle à la Révolution. Avant de devenir plus tard à Paris ministre des finances, Clavière débuta comme trésorier de la Société des Arts.

Des noms nouveaux s'inscrivent sur les listes du gouvernement. Malgré son antipathie pour les «froids et orgueilleux Genevois», l'ancien ministre de l'Evangile Moultou se laisse élire membre du Conseil des Deux-Cents, le suprême honneur auquel puisse aspirer un étranger admis à la bourgeoisie. Son ancien camarade Garcin le félicite avec l'emphase qui convient à la veille de la Révolution :

« Le peuple t'a pris sur une des marches de l'autel et t'a élevé sur ses épaules dans la tribune démocratique [1]. »

Le pauvre Garcin se voyait dans la nécessité de recourir à son ami pour conserver sa seigneurie de Cottens, acquise, sauf erreur, par mariage. « Peut-être conviendrait-il de vendre le domaine

(1) Garcin à Moultou, Cottens, 29 septembre 1775.

et de me réserver le fief ? Au pays de Vaud, nulle espèce de considération n'est attachée à des propriétés déchues d'un titre (1) ».

Le généreux Moultou, une fois aux Deux-Cents, fut appelé à collaborer à l'établissement d'un code criminel, réclamé depuis longtemps par l'opinion publique. En pensée, son ami de Villevielle l'associait aux Turgot et aux Condorcet. Il sembla même que Moultou eût quelque chance de remplir des fonctions plus importantes, une mission à Paris, précisément. Ses hautes relations étaient pour le désigner à un poste diplomatique. Elles ne faisaient que se développer. Il se liait avec le comte de Stanhope, avec des Suisses distingués, Fellemberg, Bonstetten ; il s'était mis à fréquenter souvent chez Voltaire et faisait connaissance des ducs de Richelieu, de Villars et autres grands seigneurs. Il entretenait une correspondance avec le duc Louis-Eugène de Wurtemberg, alors à Lausanne, qui lui soumettait un plan d'union de sociétés morales. Il accueillait les fils de grande famille qui lui étaient recommandés de France ; bien entendu, en premier lieu celui de Mme de Vermenoux, que Meister emmenait avec lui.

Une première fois, en 1767, au moment où il était question d'un projet de mariage de Mme de Vermenoux (2), Meister était parti pour la Suisse

(1) Garcin à Moultou, Cottens, octobre-novembre 1775, décembre 1777.

(2) Avec un ami très recommandé de Necker, Paul-Henri Mallet.

où il devait revoir son père. Il y conduisait son élève pour faire plaisir à la mère « une liaison, disait-il déjà, qui m'est infiniment précieuse ». On sait que ce séjour, qui dura deux ans, finit mal [1]. Pour la hardiesse de ses sermons et de ses brochures, Meister fut frappé de censures ecclésiastiques. Il dut fuir sa ville de Zurich, au mois de juin 1769. Il se consola en rendant visite à Voltaire et surtout à Moultou, pour lequel il avait conçu l'amitié la plus vive.

De retour à Paris, auprès de Mme de Vermenoux, Meister prélude à la rédaction de la *Correspondance* dans laquelle il doit suppléer Grimm, en mettant Moultou au courant du mouvement littéraire de Paris, ainsi que des progrès de Mme Necker dans la société. Le salon de Mme Necker ne compte encore ni Diderot, ni Helvétius, ni même Buffon. En revanche, M. Thomas y tient une grande place, M. Thomas « qui s'occupe jour et nuit de ses éloges, de son poème et de sa réputation ». La Beaumelle, dont Moultou conservait un bon souvenir, et qui provoquait si imprudemment Voltaire, faisait une réapparition dans la capitale avec un aventureux projet de *Henriade*.

Mme de Vermenoux, qui en voulait toujours à

---

dit le Danois, l'historien du Danemark, né à Genève, en 1730, mort en 1807. Il séjournait fréquemment à Paris, notamment en août 1767. Dans une thèse sur Mallet, présentée par Mlle Stadler, à Lausanne, 1924, ce projet de mariage ne se trouve pas mentionné.

(1) Usteri et Ritter, p. 17.

Mme Necker, se flattait encore de recevoir chez elle M. Moultou. Dégoûtée de Paris et de ses projets de mariage, elle pensait même acquérir une terre près de Genève pour s'y fixer. Son fils seul y revint en 1772 pour se faire recevoir à la Sainte Cène comme membre de l'Eglise (1).

Comme on pense, Moultou accueillit affectueusement le fils de son amie. Un autre jeune homme lui fut aussi recommandé, le prince d'Elbeuf, de la maison de Lorraine, fils de la comtesse de Brionne (2).

Un voyage dans le midi avait empêché Moultou de revoir à Genève Mme d'Anville, quand elle y fit un nouveau séjour durant l'hiver 1765-1766. En revanche il eut la joie de rencontrer à son retour, aux mois d'avril et mai 1767, M. et Mme Necker, qui l'invitèrent une première fois chez eux à Paris.

Avant de réaliser ce riant projet, onze ans se passent encore.

---

(1) Mme de Vermenoux dut renoncer à ce déplacement à cause de la maladie, puis de la mort d'un frère, retenue qu'elle était par des questions de succession.

(2) Connue plus tard comme l'ennemie de Marie-Antoinette. S'agit-il du fils, né en 1751, titré prince de Lambesc, duc d'Elbeuf, ou du cadet, titré prince de Vaudemont, dont la veuve, amie de Talleyrand, fut la dernière représentante de cette illustre branche française de la maison de Lorraine ?

IV

L'INVITATION A PARIS, DERNIER SÉJOUR DE JEAN-JACQUES ROUSSEAU ET DE VOLTAIRE

C'était Mme Necker qui allait faire aboutir le projet de voyage de Paul Moultou, à un moment où son salon était devenu un des centres les plus célèbres de la société parisienne. A la fin des troubles de Genève, provoqués par l'affaire Rousseau, M. Necker avait été choisi pour occuper le poste alors vacant de ministre de la République près la Cour de France (1768). Sa maison de banque passa sous d'autres noms (1).

Le caractère diplomatique de Necker, quelque modeste qu'il fût, ne put que rehausser l'éclat de ce salon, transféré de la rue Michel-le-Comte à l'hôtel Le Blanc, rue de Cléry. On sait avec quelle docu-

(1) Celui notamment de son frère aîné, qui prit, pour se distinguer, le nom de Germani, d'une terre qu'il possédait près de Rolle, au pays de Vaud, et de qui descendent les Necker de Genève.

mentation précise, avec quel charme pénétrant, ce salon a été décrit par feu le comte d'Haussonville. La maison s'emplit de plus en plus d'hommes de lettres, de philosophes, point ennemis d'une chère délicate, non plus que d'une hospitalité fastueuse. Parmi eux, Mme Necker avait distingué tout de suite « le vertueux Thomas », l'homme des *Eloges* académiques, qui, après Moultou, devint son grand ami en rang et en date.

Mme de Vermenoux, assez disposée à critiquer les préférences de son ancienne compagne, mandait à Moultou : « Pour écouter Thomas avec plaisir, il faut savoir prendre son parti sur la monotonie et les joues boursouflées. C'est ce que tout le monde ne sait pas. »

Passant à Mme Necker, elle ajoutait : « Sa propre célébrité augmente tous les jours. Son goût pour les gens de lettres est le même, mais elle y joint actuellement celui des femmes de qualités à réputation d'esprit (1). »

Dans cette société d'élite, on oubliait Rousseau. Voltaire était le dieu. C'était lui qui, à distance, consacrait les réputations. A une ou deux reprises, Mme Necker chargea son ami Moultou de solliciter du poète philosophe des vers qui lui fussent clairement dédiés à elle-même et qui missent son nom en vedette, comme Voltaire avait fait pour Mme du

---

(1) Mme de Vermenoux à Moultou, 14 juin 1773. Elle sign A. G. De Vermenoux.

Deffand [1]. Afin de l'encourager, elle avait lancé la fameuse souscription destinée à couvrir les frais de la statue que Pigalle élevait au maître de Ferney.

Les honneurs ne devaient pas s'arrêter là. Louis XVI commençait son règne plein de promesses.

« Quand Mme d'Anville est contente de la Cour, je vous défie bien de ne pas l'être aussi, mandait Mme de Vermenoux à M. Moultou en tâchant de l'attirer à Paris chez elle. Tous nos ministres sont ses amis, et, quoique en place, désirent le bien, comme vous le désirez au coin de votre feu. Le sacre d'un jeune monarque qui s'annonce par les vertus les plus utiles au bonheur de ses peuples, ne serait-il pas un spectacle à montrer à votre fils ? »

C'étaient, en effet, les amis de cette société charmante, qui, successivement, montaient au pouvoir.

Turgot d'abord ; mais il tomba pour le plus grand malheur de la monarchie. Quelque libéral qu'il fût, Necker s'était présenté comme l'adversaire en économie politique et comme le rival de l'illustre réformateur, lequel, dans sa disgrâce, resta le favori de Mme d'Anville. Sous le titre de Directeur général du trésor, puis des finances, Necker inaugura son premier ministère qui devait durer quatre ans et demi (1776 à 1781). Il prit possession de l'hôtel du Contrôleur général et s'y ins-

(1) Mme Necker à Moultou, 29 octobre 1772 et 4 janvier 1774.

talla avec les siens. Sa fille Germaine, filleule de Mme de Vermenoux, avait alors dix ans.

Il fallut bien désigner un autre personnage en qualité de ministre de Genève à Paris.

Ce fut à ce propos que quelques-uns pensèrent à la candidature de Paul Moultou, l'ami de Voltaire, de Rousseau et des Necker. Cette candidature fut appuyée par un groupe de bourgeois du parti des *représentants*, entre autres Clavière, et souhaitée incidemment par Mme Necker elle-même. Il faut croire que le ministre Necker ne soutint guère la candidature de l'ami de sa femme, quand les conseillers genevois de Chapeaurouge et Cramer vinrent à Paris, chargés de l'enquête. Un confident de M. de Vergennes, nommé Perrinet des Franches, finit par être choisi. Le titulaire importait peu puisque la Seigneurie de Genève pouvait compter sur l'appui autrement précieux du directeur général des finances.

Moultou, jadis compromis dans l'affaire Rousseau, n'était pas assez dévoué à la République pour remplir l'office. Son manque d'ambition, autant que l'état de sa santé, l'empêcha d'éprouver la moindre déception. Ce fut immédiatement après qu'il réalisa quand même le projet de voyage à Paris, projet caressé depuis si longtemps et à maintes reprises, avec Rousseau en 1761, avec Mme de Vermenoux trois ans plus tard, avec les Necker dès 1767. Il n'était plus question de s'y établir d'une façon définitive ou seulement durable.

M. Cayla retenait encore à Genève Mme Moultou et sa famille. Ce fut sous le prétexte de conduire l'aîné de ses fils, Pierre, à Rouen, où le jeune homme devait faire un apprentissage de banque avant de passer à Londres, que M. Moultou décida le départ. Sans négliger certains intérêts relatifs à la vente de ses propriétés à Marseille et à l'expédition de ses vaisseaux de commerce, il se proposait de consacrer quelques semaines, à Paris, à la visite de ses amis et aux curiosités de la capitale.

Ses concitoyens du parti des *représentants* se flattaient encore que Moultou plaiderait leur cause auprès du ministre Necker. On obtiendrait peut-être par ce moyen que le gouvernement français renonçât à garantir la constitution aristocratique de Genève.

Les invitations n'avaient pas fait défaut. Celle de Mme Necker était pressante. Elle adresse à Moultou une lettre, dont le début a été donné par M. d'Haussonville d'après nos propres documents. Il n'est peut-être pas superflu de la reproduire intégralement.

« Est-il bien vrai, Monsieur ? Vous viendrez auprèz de nous. Je pourrai montrer à l'ami de mon enfance, combien tous les sentiments qu'il m'inspiroit alors se sont accrus dans mon cœur ; je vais recommencer à vivre, tous les objets que j'observerai avec vous reprendront pour moi le piquant de la nouveauté. Votre appartement est tout prêt au Controlle général, vous y logerez, vous, monsieur votre fils, et votre domestique ; vous y serez ou libre ou esclave, car si vous le désirez, je m'emparerai de votre volonté ; je vous mènerai partout ; je serai votre ombre aux spectacles, aux bibliothèques, en société, à la campagne. Je déterminerai l'emploi de toutes les heures de votre journée. Si cet esclavage ne vous plaît pas, vous entrerez, vous sortirez, vous verrez une société différente, vous dînerez ou vous souperez dehors sans m'en prévenir ; et j'ignorerai que vous êtes chez moi, à moins qu'un sentiment confus du bonheur ne m'en avertisse quelquefois.

« Vous ne pouvez refuser à M. Necker et à moi la grâce que nous vous demandons avec les plus vives instances ; il faudroit partir le premier de may, et plus tost s'il étoit possible, la ville est déserte pendant l'été, les spectacles sont mauvais, le voyage de Compiègne éloigne les ministres, l'automne est cent fois pis encore, Fontainebleau et les terres éloignées absorbent tout. Paris ne vaut la peine d'être vu, que depuis le milieu de décembre jusques au milieu de juin.

« Hâtez-vous donc je vous supplie, ne pensez à rien qu'à arriver, et à m'en prévenir seulement huit jours à l'avance. En logeant ensemble, nous serons au courant de tout, nous profiterons de tous les instants, et nous aurons toutes les facilités ; ne m'ôtez pas un bien dont je puis encor jouïr : sur le déclin de la vie il en reste si peu pour les âmes sensibles.

« Le fragment de la lettre de M. de Castillon m'a extrêmement flattée, j'ai la plus haute opinion de son esprit et de ses lumières, et dèz que vous avez un ami, vos sentiments se réfléchissent jusques à mon cœur. Vous louez beaucoup trop M. Necker et moi ; les défauts, dit-on, disparoissent dans l'absence, mais quand vous serez auprez de nous, vous nous trouverez si tendres, si aimants, que vous n'aurez pas le tems de vous appercevoir si nous sommes moins aimables. Dites à Mme Moultou, en me mettant à ses pieds, que je tâcherai de montrer au fils l'attachement et le doux souvenir que je conserve à jamais pour sa vertueuse mère. »

Madame Necker ajoutait de sa main propre :

« Pardon, je n'ai pû écrire de ma main. »

On ne saurait faire une invitation plus large, ni plus attrayante. Cette lettre avait été dictée à un secrétaire. Mme Necker en avait écrit une autre, plus intime encore, à M. Moultou, cette fois de sa main. Elle s'exprime alors au nom de son mari, de la façon suivante :

« A Monsieur

« Monsieur Moultou.

« Bonsoir, mon cher Moultou ; vous n'aurez que quatre mots de moi aujourd'hui, je prends la plume pour un infâme paresseux qui se dit tout plein de tendresse et d'admiration pour vous, et, qui n'a jamais dit que la vérité. Le pauvre malheureux succombe sous le poids des affaires ; il auroit grand besoin de votre indulgente amitié ; et de ses éclairs d'imagination qui mettent le feu aux âmes les plus affaissées ; venez donc ; votre chambre est prête ; nous vous recevrons comme les parents les plus tendres et ne sommes-nous pas plus que tout cela ? Adieu, mon cher Moultou, je ne vous parle ny de bontez ny de reconnoissance ; tous ces vieux mots sont trop usés et trop faibles ; il y a longtems qu'un sentiment plus vif les a bannis de mon dictionnaire. »

Et, par manière de post-scriptum :

«On ne me parle ici que de Voltaire. Si vous pouviez m'avoir quatre vers, ce seroit une grande affaire. On ne peut faire cette ouverture qu'au plus intime confident de notre amour-propre, c'est-à-dire au plus cher de nos amis. — Germaine se porte bien et vous attend avec impatience. »

Mme Necker tenait décidément aux quatrains de Voltaire, qui s'exécuta galamment. Sa demande prouve le crédit que l'on prêtait à Moultou dans l'esprit du philosophe. Le fait est que les relations fondées sur la croisade contre le fanatisme avaient continué sur le ton le plus familier. Parlant du dernier ouvrage de Voltaire, *Irène*, Moultou mande à son ami Meister : « Il nous déclama cette tragédie entière avant le souper ; soupa ensuite avec nous, folâtra comme un enfant jusqu'à deux heures après minuit et dormit ensuite sept heures [1]. »

(1) Ritter et Usteri, p. 38.

Le patriarche de Ferney se réjouissait de l'avènement de Louis XVI, des Turgot et des Necker. « Les choses sont bien changées depuis l'horrible aventure des Calas, » écrit-il à Moultou. Cela allait l'encourager, comme celui-ci, à se rendre à Paris, pour s'y faire applaudir, lui et sa tragédie.

A la fin d'une longue lettre, le 14 février 1778, Meister annonce à Moultou l'arrivée de Voltaire dans la capitale, en lui faisant part de l'immense sensation que provoquait la présence du grand homme.

« Au lieu de vous étourdir de tout ce bavardage politique, j'aurais bien mieux fait sans doute de vous parler de M. de V. Son arrivée a fait une sensation qu'il est impossible de vous rendre. La résurrection du Messie n'en aurait pas fait davantage quand même on y aurait eu un peu plus de foi qu'à Jérusalem. Cet événement a fait oublier toutes les autres nouvelles, les bruits de guerre, les remontrances du Parlement, les intrigues de la Cour et même les querelles de musique. Le vieux malade de Ferney a reçu les homages de toute la France et se porte à merveilles. Imaginez qu'il est venu dans quatre jours et demi, qu'il a fait, le jour même de son arrivée et le lendemain, plusieurs visites à pied, qu'il a répondu à tous les billets, qu'il a reçus, des choses charmantes, et qu'après avoir lu sa tragédie en petit comité le soir, il a passé la nuit entière à refaire les deux derniers actes. Je me suis présenté à la porte du temple quelques heures après que la Divinité y fut descendue, mais je n'ai point encore osé pénétrer jusques dans le sanctuaire. Je compte être plus heureux demain. »

Ainsi Moultou devait avoir la bonne fortune de retrouver à Paris non seulement ses belles amies, Mmes d'Anville, de Vermenoux et Necker, mais, encore, et à un moment capital, les deux grands génies avec lesquels il avait été en rapport, M. de Voltaire et le citoyen Jean-Jacques Rousseau.

Dans sa lettre, Meister ajoutait :

« Si vous nous aimez un peu..., vous serez avant la fin du mois à Paris. Je vous parle au nom de Mme de Vermenoux, de M. et Mme Necker, de tout ce qui vous chérit le plus au monde. Il n'y a que vous dans l'univers qui puissiez intéresser encore notre grand directeur à vos affaires politiques. »

Mme de Vermenoux s'était souvent flattée que Moultou logerait chez elle. Elle l'avait invité à plusieurs reprises (1). Elle lui écrit enfin, le 23 avril 1778 :

« Il est donc vrai que vous venez à Paris !... En y venant loger chez Mme Necker, il est bien clair que vous vous trouverez enveloppé dans un tourbillon où je ne pourrai vous appercevoir que de très loin. Je connois trop Mme Necker pour ne pas savoir à quel point elle s'emparera de vous. »

La belle dame, qui n'oubliait rien, ne renonça

---

(1) En 1764, en 1774, en 1775.

quand même pas à tout espoir. Elle pensa à une combinaison qui retiendrait près d'elle son ami Moultou. C'était d'offrir l'hospitalité à Mme Moultou elle-même. Elle garderait l'épouse.

« Vous, mon ami, vous vous partageriez entre Mme Necker et moi, ce qui ne seroit que juste, mes droits sont plus forts et plus sacrés que les siens. »

N'y a-t-il pas là quelque allusion aux sentiments amoureux d'autrefois ? Quoi qu'il en soit, Moultou ne cède pas. Sa femme demeurera à Genève et l'amie d'enfance l'emportera. Moultou se rendit donc à l'invitation de Mme Necker. La société que celle-ci lui offrait allait à tous égards augmenter considérablement l'attrait du séjour à Paris.

Le mardi 5 mai 1778, Moultou quittait Genève, lui, son fils et son domestique.

V

ARRIVÉE A L'HOTEL DU CONTROLE GÉNÉRAL. M., Mme ET Mlle NECKER. Mme DE VERMENOUX.

En 1778, le trajet de Genève à Paris ne paraissait pas une petite affaire. Le voyage par le coche durait environ cinq jours. Sur le seuil de la familiale maison de la Taconnerie, le mardi 5 mai, ce fut en répandant des larmes que l'on se sépara pour une absence prévue de deux mois. Les adieux furent déchirants. L'excellent M. Moultou laissait, auprès de son beau-père, sa femme bien-aimée, ses gentilles filles Manette, Caton, Emilie, et son fils cadet Guillaume, un enfant dont les parents admiraient l'esprit. Il emmenait avec lui son fils aîné, Pierre Moultou, qui n'avait pas vingt ans. C'était un brillant produit de l'éducation de l'*Emile*, que lui avait donnée son père. Chez ce jeune homme, doué d'ailleurs d'une charmante figure, on constatait un don précoce de mathématicien et sa réputation, à cet égard, commençait à percer.

La route passait par Bourg, Chalon-sur-Saône, Beaune, Joigny, Sens et autres étapes, d'où Moultou se proposait de donner à sa femme des nouvelles journalières du voyage. Il le fit, et dans les termes de la plus chaude affection, qui persistent à travers toute la correspondance du commencement à la fin de l'absence. Les lettres, qui allaient bientôt partir de l'hôtel du Contrôle général des finances, devaient circuler en principe le plus facilement du monde. Mais encore fallait-il se méfier du cabinet noir, des indiscrétions de la poste et de la police. Le lieutenant de police était M. Lenoir, dont la complaisance était éprouvée en ce moment par le fameux comte de Mirabeau, prisonnier au donjon de Vincennes.

Nous laisserons la parole à un époux aussi tendre que Moultou, sans nous astreindre par la suite à reproduire de cette correspondance toutes les effusions sentimentales.

Et voici d'abord le premier billet qu'il se hâte d'envoyer de Seneçay près Chalon, le mercredi 6 mai.

« A Madame

« Madame Moultou,

à Genève.

« Mercredi à midy.

« Ma chère bonne, je t'écris en courant de Séneçai, près de Châlons. Nous fesons nôtre route très heureusement. Ton fils n'est plus enrhumé. Nous couchâmes hier à Bourg, je ne sais où aujourd'huy, je crois que ce sera à Nuis ou Baune.

J'ai bien fait l'enfant en te quittant, j'ai pleuré et j'ai eu tout hier le cœur sur mes lèvres. C'est une promenade en campagne qu'un voiage à Paris, les chemins sont des chemins de dames. Mon cher, mon très cher cœur, il est impossible d'aimer comme je t'aime. Mon premier mot en m'éveillant a été de te souhaiter le bonjour, mais tu n'étais pas avec moi. Je te promets que deux mois ne se passeront pas que je ne sois auprès de toi, et s'il plaît à Dieu je ne ferai plus de voiages sans toi.

« J'embrasse touts nos chers enfants. »

A chaque étape, ou peu s'en faut, une lettre, non signée, mais scellée d'un riche cachet. Celle-ci fut écrite à Joigny :

« A Madame

« Madame Moultou,

à Genève.

« Je vais laisser cette lettre à Joigni, ma chère bonne, de peur que le courrier ne soit passé quand j'arriverai à Sens, qui n'est qu'à quatre postes d'icy. Je ne vois pas passer un carrosse de descente de Paris, que je ne souhaite d'y être. Ton fils et moi, nous nous portons Dieu mercy à merveille, mais avec un cœur gros de t'avoir quitée. Nous arrivons demain à Paris. Je vais compter les jours que j'y passerai. Nous voiageons fort heureusement, sans froid ny chaleur, avec des gens très gais, qui n'ont pas laissé derrière eux une femme adorable.

« Pierrot n'est plus enrhumé, il aurait couru une poste si je l'avais voulu. Je lui ai dit que je t'avais promis qu'il n'en courrait point. Adieu chère, très chère bonne, baise pour moi Manette, Caton, Emilie, Guillaume, et qu'ils te rendent le baiser de ma part.

« Vendredi à 4 heures. »

A la lettre, qui fut bien expédiée de Sens en arrivant, était joint un post-scriptum de la main de Pierrot, dont il faut aussi connaître l'écriture.

« Il est bien triste ma bonne maman de vous quitter. Je suis persuadé qu'il ne peut pas y avoir de bonheur, éloigné des personnes que l'on aime le plus au monde. Nous avons parcouru le plus beau païs, mais nous l'aurions trouvé bien différent si vous aviés été avec nous.

« Les chevaux sont à la voiture, je n'ai le tems que de vous embrasser et vous prier de m'aimer autant que je vous aime. Mille tendres choses à mes sœurs et à Guillaume. Mes respects à mon grand-papa. »

Ainsi s'exprimait un fils de famille en l'an de grâce 1778.

Enfin nos voyageurs se trouvent à Paris et M. Moultou l'annonce en ces termes, le dimanche matin 10 mai :

« Nous voici à Paris, ma bonne femme, dans la meilleure santé du monde, et très bien accueillis de touts nos amis. Mme Necker m'a comblé d'amitiés, ainsi que ton fils. M. Necker est à Versailles. Paris est un sublime monstre. Nous entrâmes par une porte hideuse, nous traversâmes une multitude de ruës dégoutantes, mais nous vîmes ensuite le Pont Neuf, où est Henry quatre, la place des Victoires, etc., etc., etc. A mon arrivée, je passai une heure avec Mme Necker, dans les épanchemens d'une vraie et tendre amitié ; elle est la même pour la figure, le parler, l'esprit, il y a plus de grâce et d'ensemble dans tout cela, mais pour le fonds c'est la même chose. L'engoûment de l'esprit et des gens d'esprit n'est plus au même point. L'expérience l'a ramenée au vrai plaisir de fère le bien, et à suivre à cet égard toute l'énergie de son caractère.

« Mme de Vermenoux se porte bien. On dit que la poste va partir. Je te quite. Je m'étais arrangé pour t'écrire une grande lettre.

« Moultou.

« Dimanche. »

La suscription porte comme d'habitude :

« A Madame

« Madame Moultou, à Genève, » avec le nom de « Necker », qui devait faire passer rapidement cette lettre du 10 mai, à laquelle la destinataire répondait déjà le 17.

Mme Necker a été dans la société du temps l'objet de tant de critiques, notamment de la part de personnalités étrangères à Paris, comme Walpole et Mme d'Oberkirch, que l'on se félicite de rapporter les témoignages sympathiques de ceux qui la connaissaient si bien.

Il semble qu'à cette époque, certains défauts de jeunesse, l'esprit provincial, la préciosité, l'affectation se soient atténués à la fréquentation du monde. Le commerce intellectuel journalier des Necker, des Buffon et des Thomas, il est vrai, ne devait pas toujours enlever à ce cercle un certain caractère de solennité qui choquait au premier abord. C'était un groupe de gens quelque peu compassés, à commencer par le grand ministre.

L'ancienne intimité des deux amis d'enfance reprit de plus belle sans qu'elle donnât lieu d'inquiéter personne. Deux jours après la première rencontre, Paul Moultou écrit à sa femme :

« Madame Necker est adorable. Tu ne connais pas, toi, son chevalier, toute l'énergie de son âme, et toute l'activité méthodique et raisonnée de sa tête. Nous parlâmes hier et d'elle et de toi, nous nous fîmes dans des épanchements d'amitié des confidences qui te suposent toujours [présente] et qu'elle seule arrâche. Quelle femme, ma chère bonne! Tu fus pour beaucoup dans nôtre entretien, elle pleura de tendresse, en voiant mes sentiments pour toi, et en pensant aux vertus, aux charmantes vertus qui font l'objet de mon culte. Non, je n'aime rien comme toi, et mon respect pour Mme Necker égale la tendre amitié que j'ai toujours eu pour elle. »

Avec la durée du séjour, l'admiration ne fait que croître. Le 4 juin, il écrit encore :

« Mme Necker est toujours la même, j'oze même dire qu'elle a acquis icy de nouvelles perfections. Ses vertus, sa sensibilité se sont fortifiées par l'uzage. Elle m'aime comme elle m'aimait, sa confiance en moi est entière. Elle voudrait bien me garder icy, mais mes intérêts s'y opposent ; le chagrin que tu éprouverais en quittant ta famille ne me retient pas moins. »

Moultou approchait de l'âge où l'on est moins disposé à transporter d'une façon définitive ses pénates sous d'autres cieux.

Il n'était pas aussi lié avec M. Necker. « Nos relations ne tiennent qu'à sa femme, » disait-il. Il n'avait pas vu le grand homme à son arrivée, le ministre se trouvant retenu à Versailles par ses fonctions auprès du Roi. Dans la journée du dimanche, M. Necker parut et, le lendemain lundi, Moultou l'annonce en ces termes :

« M. Necker revint hier de Versailles ; il a engraissé et se porte fort bien. Il m'a fait beaucoup de politesses, mais il est concentré dans ses idées et d'une distraction étonnante. Mme Necker m'en avait prévenu ; je répondis que je le verrais comme sa statuë. Un homme qui fait de grandes choses n'a pas besoin d'en dire. »

Le directeur général des finances du royaume de France n'avait guère de temps à perdre en amabilités. Il s'attachait rigoureusement à ses devoirs sans rien donner à la faveur.

« M. Necker me comble d'amitiés, je lui plais, mais... il a des principes bien fixes (1). »

Ici Moultou ne fait pas allusion aux affaires politiques de Genève, que ses amis du camp des *représentants* espéraient lui voir traiter auprès du ministre dans un sens favorable à leurs aspirations. Il s'agit de ses propres intérêts en France, qu'il aurait pu être tenté de recommander au ministre des finances. Moultou s'applique, au contraire, à atténuer les manifestations de son enthousiasme à l'égard de ce dernier, de crainte de paraître solliciter de lui d'autres grâces que celles de l'hospitalité. Cette réserve n'alla pas jusqu'à le détourner de placer un peu de son avoir dans les fonds dépendant de l'administration royale des finances. Plus tard il prétendra que cette confiance lui aurait coûté quelque argent. Quoi qu'il en soit, l'estime grandit.

« Plus j'étudie M. Necker, dira-t-il peu après, et plus j'en suis enchanté. C'est un génie extraordinaire, et sa vertu égale au moins son génie. Si quelcun peut rétablir les finances, c'est lui. Malgré les partis, on sent tout son mérite, et le crédit pu-

---

(1) Lettre du 20 mai. Ici, une ligne biffée ; je crois lire : « Mais entre nous, il serait difficile de l'engager à fère quelque chose pour ses amis, il a des principes bien fixes. »

blic tient beaucoup à lui, ce qui me le fait croire bien assuré dans sa place [1]. »

Ce nouveau témoignage du prestige de Jacques Necker n'est pas pour surprendre. « Si l'univers et moi, disait le comte de Crillon, professions une opinion et que M. Necker en émît une autre, je serais aussitôt convaincu que l'univers et moi nous nous trompons. »

C'était le beau temps de la *neckromanie*.

La vertu du citoyen, l'habileté du financier, on y peut souscrire. Quant au génie politique, l'histoire fait ses réserves. Necker avait pourtant des parties de l'homme d'Etat, ne serait-ce que la discrétion, vertu rare. Moultou en est particulièrement frappé et il y revient à plusieurs reprises.

« On ne tire rien de M. Necker. Il est silencieux et doit l'être (lettre du 15-16 mai)... Cette maison est celle de Paris où l'on sait le moins ce qui se passe (30 mai)... On ne sait absolument rien icy. Le ministère est impénétrable, et la maison où je suis, quoique j'y voie beaucoup d'ambassadeurs, est moins instruite qu'aucune autre (11 juin). »

Cette discrétion est toute à l'éloge du ministre. Moultou ne l'admirera que davantage. « Je le croyais un grand homme, j'en suis sûr à présent. Il a tout, génie et vertu. Il est bien au-dessus de son siècle (22 juin). »

Malheureusement, l'abord de M. Necker fut

(1) Lettre du 30 mai.

souvent embarrassé par une sorte de morgue de grand bourgeois, par la raideur hautaine qui dénote l'orgueil d'un homme plein de lui-même. Ses portraits reflètent ce caractère. Ce manque de bonne grâce, cet accueil si froid devaient lui aliéner, au début de la Révolution — et ce fut fâcheux pour la cause royale — un autre méridional encore plus exubérant, le comte de Mirabeau.

Quant à la jeune Germaine Necker, le prestige opérait déjà. Ce fut à la campagne que Moultou, dès le début, alla lui rendre visite, au château de Saint-Ouen « qui est délicieux, dit-il. La jeune Necker l'habite pour sa santé, qui est bonne à présent. C'est un enfant charmant. »

C'était le temps où, privés de journaux, les gens se communiquaient les lettres qu'ils recevaient de leurs correspondants. Le 20 mai, Moultou mande à sa femme :

« M. et Mme Necker sont enchantés de ta lettre à ton fils. Maester et Mme de Vermenoux en sont transportés. Maester te trouve une femme bien rare, et il a raison. Mme Necker fit lire ses lettres à sa fille pour lui donner l'idée des sentiments vrais, et d'une solide raison. »

Eprouvait-on le besoin de régler l'imagination de la jeune fille et en craignait-on les écarts ? Le fait est qu'elle montrait déjà le génie qu'elle devait faire éclater dans le monde, et Moultou l'admire.

« Mlle Necker est charmante ; c'est un vrai prodige d'esprit et de sensibilité. Elle est à

Saint-Ouen pour sa santé, qui s'est bien rétablie. Nous nous sommes vus plusieurs fois ; elle m'aime beaucoup ; je la trouve adorable.» Germaine avait douze ans.

Et la belle marraine de Germaine Necker, que devenait-elle au milieu de ces épanchements ?

Dès son arrivée, Moultou avait revu Meister et Germaine de Vermenoux. Celle-ci était venue le prendre au débotté. Elle était en bonne santé et, tout de suite, elle entendit faire les honneurs de la capitale à son ami de Genève. Elle commença par le mener à l'Opéra.

A l'occasion de ce voyage, il était convenable que Mme de Vermenoux et Mme Moultou échangeassent les lettres les plus tendres. Elles ne manquèrent pas de le faire. La gracieuse Parisienne prenait soin de la santé des voyageurs. Elle leur donnait les conseils qui sont encore de mise à Paris aujourd'hui durant les chaleurs de l'été. Moultou ne néglige pas d'en informer sa femme.

« Je fais bouillir mon eau, d'ordre de Mme de Vermenoux, qui est en vérité la meilleure et la plus parfaite des femmes. Elle t'adore et cela me la fait encor plus aimer. Elle n'est plus frivole, voilà pourquoi je la dis parfaite ; car elle n'avait que le défaut de tenir trop à des riens. Elle veut que tu t'établisses à Paris ; elle n'entend pas raison sur les objections que l'on peut fère contre ce parti. Cependant elles sont invincibles (11 mai). »

La fin du billet était bien faite pour calmer la

jalousie de Mme Moultou, à supposer qu'elle en eût l'ombre de sentiment :

« Adieu, bonne et tant bonne femme. Qu'il me tarde d'avoir de tes lettres, et encore plus de t'entendre me parler, me dire que tu m'aimes. Mme de Vermenoux me lut ta lettre ; je pleurai en vérité, et elle fut charmée de me voir pleurer. »

C'était le temps des larmes faciles, le règne des âmes sensibles et la mode de la « vertu » qu'avait lancée l'auteur de la *Nouvelle Héloïse*.

VI

VISITE A JEAN-JACQUES ROUSSEAU. REMISE DU MANUSCRIT DES CONFESSIONS A PAUL MOULTOU

« Depuis mon voyage de Genève, dit Rousseau dans un autre passage des *Confessions*, je m'étois lié d'amitié avec Moultou ; j'avois de l'inclination pour ce jeune homme, et j'aurois désiré qu'il vînt me fermer les yeux. Je lui marquai ce désir et je crois qu'il auroit fait avec plaisir cet acte d'humanité si ses affaires et sa famille le lui eussent permis. »

Peu s'en est fallu que Moultou ne se trouvât dans le cas de réaliser ce vœu. Il n'y a pas lieu de s'étonner que, malgré la longue séparation, Moultou se soit empressé d'aller frapper à la porte du solitaire de la rue Plâtrière et cela dès les débuts de son séjour à Paris. Ce fut son premier souci. Le 11 mai, au lendemain de son arrivée, il écrit à Mme Moultou :

« J'ai cherché Rousseau dans une misérable

maison ; sa femme ne m'a point reconnu, et m'a dit qu'il n'était pas visible. Je me suis fait connaître ; elle m'a dit qu'il était sorti, qu'un autre jour je pourrais le voir. Si je suis refusé une seconde fois, je n'y retourne plus, parce qu'alors je le serais par lui, et qu'aujourd'hui je ne l'ai été que par sa femme. »

De cette femme, Thérèse Levasseur, on peut juger par la réponse de Mme Moultou le cas que le monde en faisait :

« Je suis fâchée que tu n'aye pas vu Rousseau. Tu aurai dû suivre mon conseille : faire un présent à sa femme. Tu serais peut-être encore à tant. »

Moultou ne fut pas refusé. Il fut prévenu, et probablement le soir même de la tentative manquée. Il reçut le billet suivant, signé d'initiales entrelacées, L. P., sauf erreur. S'agit-il du docteur Le Bègue de Presle, le médecin ami du marquis de Girardin ?

« A Monsieur

« Monsieur Moultou,
en l'hôtel du Contrôleur
général des finances
à Paris.

« M. Rousseau me charge de prévenir Monsieur Moultou et Monsieur son fils qu'il recevra leur visite avec bien du plaisir demain matin.

« La matinée de M. Rousseau s'étend, je crois, depuis huit heures jusqu'à midi et demie qui est dans ce temps-ci à peu près l'heure de son dîner.

« Je prie Messieurs Moultou d'agréer mes respects et salutations empressées.

L. P. [1] ».

A défaut d'une lettre racontant en détail la visite de Paul Moultou à Jean-Jacques Rousseau, la scène peut être reconstituée d'après des relations provenant de la famille. Le fils cadet, Guillaume, notamment, rapporte ce que son aîné, Pierre Moultou, celui-là même qui accompagnait son père à Paris, a dit de cette entrevue.

Tout d'abord une remarque préliminaire :

« La liaison de Paul Moultou avec Rousseau lui causa plus d'ennui et de tracasserie qu'elle ne lui valut d'honneur et de véritable agrément. Avec un homme ombrageux, comme l'était l'illustre écrivain, l'amitié ne pouvait être un ciel sans nuages. »

Quand M. Moultou et son fils Pierre se rendirent à l'invitation qui leur avait été transmise, Rousseau les reçut d'abord très froidement. Il se trouvait offensé « des relations de Moultou avec certaines notabilités littéraires qu'il regardait comme ses détracteurs».

---

(1) Note au dos de la main d'une descendante de Paul Moultou : « Lettre de Moultou à sa femme qui complète celle que vous avez déjà où il parle de sa dernière visite à Rousseau lorsqu'il reçut le manuscrit des Confessions. » Quelle est cette dernière lettre ? M. E. Naville la dit *perdue*.

A peine se fut-on assis que commença le dialogue suivant, déjà reproduit en partie seulement par M. Ernest Naville dans des articles de revue [1].

Rousseau (*regardant fixement M. Moultou*) : « Monsieur Moultou, vous êtes bien changé ! »

Moultou. — « Il est vrai. J'ai été malade assez longtemps et je m'en ressens encore. »

Rousseau (*de même*).

« Monsieur Moultou, vous êtes bien changé ! »

Moultou. — « Ainsi que je viens de vous le dire, Monsieur, je suis à peine remis d'une longue indisposition. J'ai souffert, et il n'est pas étonnant que mon visage en porte encore les traces. »

Rousseau (*appuyant toujours plus*) : « Monsieur Moultou, vous êtes bien changé!! ».

Moultou. — « Ah! Monsieur, je crois que maintenant je commence à vous comprendre. Ce n'est pas mon visage qui vous inquiète, c'est mon cœur que vous accusez. Je ne sais en quoi j'ai pu vous blesser ou vous déplaire ; j'ai la conscience nette

---

(1) Nous reconstituons la scène : 1) d'après une relation manuscrite de la famille gardée par les héritiers de M. Ernest Naville ; 2) d'après les articles de ce dernier parus dans la *Bibliothèque universelle* de 1862, t. XIII ; 3) d'après Streckeisen, *Œuvres et Correspondances inédites de Rousseau*, p. 24 ; 4) et d'après une lettre de Pierre Moultou intitulée : *Lettre du dépositaire des Mémoires de Rousseau à M. Dupeyrou, de Neuchâtel*, pour servir de réponse aux déclarations qu'il a fait insérer dans le *Mercure de France* et dans un prospectus d'une contrefaçon des Mémoires annoncés par M. Louis Fauche-Borel, libraire à Neuchâtel. Voir *Pièces relatives à la publication de la suite des Confessions de J.-J. Rousseau* (Genève, décembre 1789), in-4°.

à cet égard. Mais si vous pensiez avoir contre moi quelque grief, serait-il juste de condamner un ami sans l'entendre, sans daigner s'expliquer avec lui?»

Après quelques autres propos de même nature, toujours vagues et n'abordant pas encore le point douloureux, Rousseau, déjà radouci, laissa voir le désir d'être seul avec M. Moultou. Le jeune Pierre Moultou sortit et s'en alla causer avec Thérèse Levasseur. Les deux vieux amis s'entretinrent assez longtemps et quand ils le rappelèrent, Pierre Moultou les trouva visiblement émus. Son père tenait une liasse de manuscrits qu'en ce moment Rousseau lui redemanda, puis les mettant entre les mains de Pierre Moultou, il lui dit d'un ton solennel :

« Jeune homme, je viens de confier à l'amitié de votre père ce que j'ai de plus précieux, ces manuscrits qu'il m'a promis de faire imprimer immédiatement après ma mort. Ma réputation y est intéressée. Pour le cas malheureux où il viendrait à mourir avant moi, pouvez-vous me donner votre parole d'honneur que vous prendriez sa place et que vous accompliriez fidèlement pour lui cette promesse ? »

Le jeune homme donna sa parole et Rousseau lui reprit les papiers pour les rendre à M. Moultou.

Ainsi se passa cette importante entrevue. Le fils *cadet* ajoute à ce récit :

« Rousseau donna tous ses manuscrits à mon

père, à l'exception d'une copie des *Confessions* qu'il garda... Tout en priant mon père et mon frère de ne faire paraître la seconde partie des *Confessions* que dans le XIXe siècle... il laissait à leur prudence de juger du moment propre à la faire connaître du public [1]. »

Moultou a pu voir plus d'une fois Rousseau. Ses descendants situent ces visites à Ermenonville. Nous croyons qu'elles eurent lieu à Paris, en tout cas celles qu'il est permis de placer dans les premiers jours de mai 1778.

A cette époque, Rousseau était très malade ; il avait eu un vertige la veille de la visite, probablement quelques instants avant que Moultou se fût présenté inutilement chez lui. Cela expliquerait l'intervention d'un médecin, M. Le Bègue de Presle, qui se serait chargé d'assigner un rendez-vous aux voyageurs de Genève. Deux jours après cette visite, Rousseau eut un autre vertige très violent. Peut-être se blessa-t-il en tombant. Ceux qui ont prétendu constater au front de Jean-Jacques Rousseau, après la mort, des traces de cicatrice, se sont cruellement trompés en croyant relever les marques d'un coup de feu avec lequel le citoyen de Genève se serait donné la mort [2]. Dans une lettre

(1) Streckeisen, *Œuvres et Correspondance inédites de J.-J. Rousseau*, p. XIV.

(2) Voir le buste de J.-J. Rousseau, par Houdon, en plâtre patiné, aujourd'hui au musée Jacquemart André, à Paris, qui passe pour le meilleur.

adressée à Mme de Staël, dont M. Alexis François a publié le texte, Pierre Moultou insiste sur ces vertiges précurseurs de l'apoplexie : « Parlant de musique, il se leva pour en chercher une feuille ; un tournement de tête l'obligea de s'appuyer des deux mains sur une table pour ne pas tomber. Mon père le voyant le supplia de faire venir un médecin. « Hé, mon ami, lui dit-il, la vue de la campagne est le seul médecin qui puisse me faire du bien ; là j'attendrai avec patience et repos la volonté de la Providence. » Il lui tardait d'arriver à Ermenonville.

En confiant à mon ami le manuscrit des *Confessions*, Rousseau lui avait dit :

« Je ne veux affliger personne et la première partie de mes mémoires ne dit de mal que de moi. Vous m'aimerez pourtant quand vous l'aurez lue. — Je n'ai pas attendu cela pour vous aimer, » répondit Moultou, qui rapporte ce propos dans une lettre adressée plus tard à M. de Girardin, sans doute ; Paul Moultou y dit de Rousseau :

« Il m'avait demandé, Monsieur, que dans le cas qu'il vînt à mourir avant qu'il ait achevé l'édition de ses ouvrages, je voulusse la donner moi-même à sa place et composer la préface qu'il s'était proposé d'y mettre. »

L'éditeur neuchâtelois Du Peyrou, à son tour, écrit à Moultou, le 27 février 1779, qu'il le reconnaît comme « le dépositaire de la volonté expresse de notre pauvre ami ».

Lorsqu'il quittait Rousseau, avec les manuscrits en mains, Moultou se flattait de le revoir à Paris avant son propre départ pour Genève, fixé au commencement de juillet. Son illustre concitoyen se rendait en effet le 20 mai, peu après sa visite, à Ermenonville, pour un court séjour, à ce que croyait Moultou. « Rousseau est à la campagne, je le verrai à son retour, » écrit Moultou à la date du 27/28 mai. Comme on sait, Rousseau ne retourna pas à Paris et, ce qui ressort de cette correspondance, c'est que son ami ne devait plus le revoir [1].

---

(1) Moultou emportait les manuscrits suivants : le morceau allégorique sur *la Révélation*, *les Institutions chimiques*, *les Dialogues*, *les Confessions*, 1re et 2e parties (celles-ci en deux volumes conservés à la Bibliothèque de Genève). Cf. Courtois, p. 237.

VII

LE BUSTE DE VOLTAIRE. — PREMIERS SOUPERS CHEZ MADAME NECKER, ACADÉMICIENS ET GRANDES DAMES

Quel que fût son dévouement à Jean-Jacques Rousseau, Paul Moultou avait une curiosité trop éveillée pour négliger de voir les hommes distingués de Paris, y compris ceux dont le citoyen de Genève croyait avoir à se plaindre. Ainsi M. de Voltaire semblait se trouver à point dans la capitale pour recevoir la visite de M. Moultou. Leurs relations à Genève et à Ferney avaient continué fréquentes et amicales. Peu avant de partir presque subitement pour Paris, le chatelain de Ferney avait encore invité chez lui son allié dans la lutte contre le fanatisme.

Moultou n'avait pas caché son intention à Rousseau. Comme il quittait ce dernier, le philosophe lui demanda où il se proposait d'aller. «Chez Voltaire, » répondit franchement Moultou. « Que vous êtes heureux, » répartit son ami, devenu un vrai sage [1].

Avant de rendre visite à Paris au patriarche de Ferney, Moultou ne manqua pas d'aller voir le buste du grand homme par Houdon. Il écrit, le 12 mai :

« Je viens du Palais Royal et de l'atelier d'Oudon. Voltaire y est vivant. Le feu de ses yeux, la finesse de son malin sourire, rendent son buste si vrai que je m'y trompai en entrant. » Voilà un témoignage de ressemblance qui a son importance puisque celui qui l'a rendu connaissait si bien l'original. Il termine par ces mots : « Le marquis de Villevielle vient me prendre pour aller chés Voltaire. » On sait que Voltaire logeait, rue de Beaune, chez M. de Villette, ami du marquis.

Moultou trouva probablement le poète philosophe moins vivant en réalité que dans l'atelier d'Houdon. C'est à ce moment que s'aggrave la dernière maladie de Voltaire. Au sujet de la visite de Moultou, qui se placerait quinze jours avant la mort du grand homme, nous ne possédons pas de lettre. Nous nous consolerons en nous rappelant avoir lu en quelque endroit le récit des dernières visites faites à Voltaire. Du fond de son lit, le moribond n'émettait plus que des propos insigni-

(1) Streckeisen prétend que ceci se passe dans une seconde visite, deux jours après la remise des manuscrits.

fiants sur lesquels il était d'usage de se pâmer d'admiration. D'ailleurs Moultou, hôte d'un ministre du Roi, se croyait tenu à une grande circonspection dans les passages de sa correspondance relatifs à ses entrevues avec les hardis novateurs du temps. Il pensait comme Mme d'Anville, qui lui disait : « Je n'aime pas que MM. les commis des postes soient dans ma confidence. »

S'il se montre réservé sur le compte des deux grands génies du XVIIIe siècle, Paul Moultou est plus expansif à l'égard des gens de lettres, qui n'en sont, pour parler comme au théâtre, que les doublures. Dès le premier jour, Mme Necker mit son ami en rapport avec les habitués de la maison, à commencer par « le vertueux Thomas », qui occupe une place privilégiée. Puis venait l'auteur de *Bélisaire*, des *Incas* et des *Contes moraux*, Marmontel, qui fatiguait son monde, au dire de Talleyrand, par la lecture d'interminables poèmes : l'historien Rulhière, l'abbé Delille, traducteur des *Géorgiques*, l'abbé Raynal, le plus humain de tous, célèbre par son *Histoire philosophique des établissements et du commerce des Européens dans les deux Indes*. A ces noms s'ajoutent ceux, inégalement connus, de Jean-Baptiste-Antoine Suard et de son confrère littéraire, le spirituel abbé Arnauld, lecteur et bibliothécaire de Monsieur, frère du Roi, tous de l'Académie française ou près de l'être. Leurs noms sont quelque peu estropiés dans notre correspondance.

A ces littérateurs de profession se joignaient des gentilshommes lettrés, philosophes, auteurs eux-mêmes et académiciens, venant de l'armée, comme le chevalier, plus tard marquis de Chastellux, et d'autres que nous rencontrerons au passage. Les diplomates que l'on voyait là appartenaient en général à l'école libérale européenne, hostile aux jésuites, tel le comte d'Aranda, ambassadeur d'Espagne, l'ancien ministre du despotisme éclairé de Charles III, ou le marquis Dominique Caracciolo, le caustique ambassadeur des Deux Siciles, ou encore un secrétaire d'ambassade fort à la mode, le comte d'Albaret, qui avait fait à Genève un assez long séjour pour recevoir les soins du docteur Tronchin.

Paul Moultou, nous le savons, se conduisait fort bien et fort correctement avec les dames. Parmi celles dont il fit connaissance chez Mme Necker, la marquise du Deffand occupe le premier rang. Cet oracle de l'esprit français était l'admiratrice de M. et Mme Necker, qu'elle défendait avec énergie contre ses propres amis à elle, tel Walpole, du moins si l'on s'en réfère à sa correspondance. Une ancienne protectrice de Rousseau, que Moultou devait nécessairement apprécier, c'était la comtesse de Boufflers, l'*Idole du Temple*, de ce Temple dans le palais duquel avait résidé son ami le prince de Conti, quelques années avant que le donjon du château servît de prison à la famille royale.

Moultou fait un portrait sommaire de chacun

des habitués du salon de Mme Necker qui défilent sous ses yeux.

« J'ai dîné hier avec Thomas, je l'aime mieux que ses livres. J'ai soupé avec Marmontel ; ses *Contes* sont plus jolis que lui, mais je le crois un très bon homme. Je n'ai pas été mal avec Thomas, mais j'ai été mieux avec Marmontel, M. Necker était présent, sa vue m'excitait.

« Je dîne aujourd'hui avec Ruilières ; je crains plus les gens d'esprit que les penseurs. L'esprit tient à de certaines manières d'uzage, et quand on a passé sa vie à chercher les grands raports des choses, on a de la peine à appercevoir les petits qui se cachent et qui surprennent agréablement quand ils sont apperçus et montrés (lettre du lundi matin, 11 mai 1778). »

Le souper du lundi 11 mai, au lendemain de l'arrivée à Paris, fut particulièrement brillant et révélateur pour Paul Moultou. Il y revient à plusieurs reprises dans les lettres qu'il adresse à sa femme. Voici ce qu'il écrit, le mardi matin :

« Je fus hier au soir aux Italiens, on jouait une pièce nouvelle, *Zulima*, la musique en est faible et la pièce détestable. Mais notre souper fut délicieux. L'abbé Delisle lut des morceaux de son poëme sur les *Jardins*, qui sont à transporter. Il a de la verve, de la chaleur, des idées, et porte l'harmonie imitative aussi loin qu'elle peut aller. M. le Chevalier de Chateleux est aimable autant qu'on peut l'être, il dit des choses charmantes sans prétention et on ne voit que ces choses étaient de l'esprit, que lorsqu'on se demande pourquoi on les a trouvées agréables.

« M. Caraccioli, ambassadeur de Naples, est un esprit original et sa figure est originale aussi. Peu d'hommes en Europe ont des choses aussi piquantes. Le comte d'Albaret soupa aussi avec nous, il est le même, moins gai, mais aussi empressé de l'esprit, des arts, etc., etc., le meilleur cœur du monde...

« Ruillères est charmant, il a trop d'esprit pour être sensible, il va me lire sa *Révolution de Russie*...

« Nôtre souper d'hier fut délicieux, dit-il encore à sa femme. Je fis la conquête de Mme Du Défan ; cette conquête ne t'allarmera pas, elle a quatre-vingts ans et le même esprit qu'elle avait à vingt-cinq ans. L'ambassadeur de Naples a pris aussi un grand goût pour moi. Je t'avouë que je ne réussis point mal icy et cela flatte Mme Necker, qui avait eu la bonté de m'annoncer.

« Il est certain que l'on me témoigne des bontés et de l'empressement. Je suis peu timide et crois valoir quelque chose, à présent que je me suis comparé avec les gens de lettre de ce païs.

« Suart m'a paru très aimable. »

Tels sont les jugements primesantiers que l'ancien ministre de l'Eglise de Genève émet d'emblée sur les hommes de lettres de Paris. Il ne se laisse pas imposer par eux et la critique est prête à se faire jour. Moultou a fort bonne opinion de lui-même et il ne péche pas par modestie. Pour excuser tant de présomption, il convient de retenir que ses lettres familières étaient adressées à sa femme, son autre lui-même.

Ce sont pourtant les femmes qu'il courtise particulièrement. Après ses visites à Rousseau et à Voltaire, toujours fort satisfait de soi, il revient encore avec complaisance à ce souper, « où était Mme de Boufflers, la femme de France qui a le plus d'esprit, et Mme Du Défan qui, à quatre-vingts ans passés, court encore le monde, quoique aveugle, et voit plus clair dans les choses du monde que ceux qui les regardent de leurs deux yeux (15 mai). »

Moultou se servait des siens pour contempler la beauté des monuments de Paris et il décrit ce qu'ils étaient quatre ans après la mort de Louis XV.

VIII

VISITES AUX MONUMENTS ET AUX JARDINS DE PARIS

En se rendant, le jour de son arrivée, à l'hôtel du Contrôle général des finances, M. Moultou avait eu l'occasion de voir le Pont Neuf, la statue de Henri IV et la place des Victoires, qui lui avaient donné un avant-goût des splendeurs de la monarchie française. Il aborde, tout de suite après, le palais des rois.

« J'ai vu la colonade du Louvre et sa façade. Voilà qui m'a vraiment étonné. C'est la demeure d'un grand Roy. Les Thuileries sont magnifiques. Il y a de très belles statuës et le Louvre qui domine ce jardin augmente beaucoup la beauté. »

Dans la bouche de l'enthousiaste Moultou, cet éloge peut sembler banal et froid. Il réserve son admiration enflammée de fier républicain pour de plus sublimes créations. En ce moment il en voit de charmantes.

Il était de mode d'aller visiter les jardins particuliers qui ornaient la capitale du royaume et rompaient la monotonie des rues. Les hommes de finances en possédaient qui rivalisaient avec ceux des grands seigneurs, si même ils ne l'emportaient pas en splendeur et en agrément.

Le receveur général Boutin se faisait gloire de son jardin de Tivoli, dit la Folie Boutin. Faubourg Saint-Honoré, le banquier de la Cour Beaujon avait le sien aux Champs-Elysées. Le receveur général Watelet, un raffiné de l'art et des lettres, faisait avec une grande amabilité les honneurs de sa demeure champêtre, près le parc de Besons, dans une île de la Seine, appelée le Moulin joli. Les jardins du jeune duc de Chartres, l'anglomane (plus tard duc d'Orléans, Philippe-Egalité), à Monceau, et du vieux duc de Biron, pair et maréchal de France, près les Invalides, soutenaient à peine la comparaison avec ceux des riches financiers de la veille de la Révolution.

Mme Necker conduisait son invité dans ces promenades que le beau mois de mai rendait encore plus attrayantes.

« Mme Necker nous a menés au jardin de M. Boutin. Ce jardin n'a pas quinze arpents, et il a coûté plus de six cent mille livres. Il est français dans une partie, anglais dans l'autre, mais le but des jardins anglais étant d'imiter la nature libre et belle, il est impossible que l'exécution réussisse dans un petit terrein, tout y est à l'étroit, la nature n'y paraît que bizarre et capricieuse, ou tourmentée par l'homme. »

Notre amateur de paysages était gâté, il faut le rappeler, par la belle et libre nature des bords du lac de Genève.

« Le jardin du maréchal de Biron est très beau, mais celui de M. Baujon que j'ai vu hier au soir, est bien plus magnifique encore. Touts les vases y sont de marbre et une multitude de statues sans prix rendent ce jardin aussi précieux que magnifique. Sa maison ne serait pas au-dessous de la majesté d'un grand Roy ; cependant M. Baujon n'est qu'un ancien banquier de la Cour.

« Hier, je n'ai vu que des miracles, le mausolée de Richelieu, je ne pouvais m'en arrâcher, celui de la mère de Le Brun, l'idée en est très poëtique, l'exécution belle, mais la figure de la femme un peu sèche. Mais la Magdelaine de Le Brun, ah ! ma femme, combien je te souhaitais auprès de moi, dans ce moment ! Est-ce un tableau ? Mais quelle impression m'aurait donc fait la réalité ? Mon cœur se serra à cette vuë et mes larmes me suffoquèrent. Vuë d'un certain point, la douleur de La Valière n'est que déchirante, d'un autre point, elle brise et console, la confiance paraît se mêler à l'amertume de ses remords. »

En attendant de procéder à une étude plus méthodique des tableaux de peinture de la capitale, Moultou poursuit ses promenades au grand air.

« Nous vîmes hier le jardin anglais de M. le Duc

de Chartres. Il est plein de choses charmantes, mais un peu maniéré, le sol n'était pas assez vaste ; on y a jeté 150.000 livres et pour fère un colifichet.

« Quelle différence du petit luxe de Louis XV, du luxe mesquin d'aujourd'hui, avec le faste superbe et imposant de Louis XIV ! Le goût se perd, et les arts, à mesure que l'argent augmente (lettre du 20 mai). »

Les contemporains de Louis XV et de Louis XVI ne se doutaient pas que nous subirions à notre tour le charme des choses de leur âge, à l'égal, si ce n'est plus, de la solennité du grand siècle.

Au retour de chaque promenade, Moultou ne manquait pas d'en faire le récit à sa femme. Ses lettres, dont nous supprimons les effusions conjugales, constituent une sorte de guide à travers les curiosités de Paris pendant la quatrième année du règne de Louis XVI. Il va de soi que dans ces épîtres familières écrites au jour le jour, l'ordre des matières n'est pas observé et l'auteur passe sans transition d'un jardin à un monument, d'une description à un portrait, d'un souper à un théâtre.

« Hier vendredy, j'ai vu le Val de Grâce, église admirable par la noble simplicité, son autel ; sa coupole peinte par Mignard est le plus grand morceau de peinture à fresque que l'on ait nulle part.

« L'Ecole de chirurgie est très belle, la bibliothèque de Sainte-Geneviève est un bâtiment qui n'a rien d'extraordinaire, qu'une coupole, qui fait beaucoup d'honneur à Restout. Mais la nouvelle église de Sainte-Geneviève est un prodige d'architecture...

« Après le dîner, j'allai promener avec Mme de Vermenoux aux Invalides. J'étais transporté du mausolée de Richelieu, j'admirais le Val de Grâce, les tableaux des Carmélites avaient brizé mon âme. Eh bien ! ma femme, devant le dôme des Invalides tout cela a disparu. Mon âme n'était pas assez grande pour suffire à l'admiration que ce monument m'inspirait. Rien au monde ne m'a tant frappé, peu s'en est fallu que je ne me jettasse à genoux sur le marbre de ce temple, et le culte que j'aurais rendu au Dieu que l'on y adore, m'aurait presque semblé digne de sa grandeur. Je t'en parlerai bien au long quand j'y pourrai penser de sang-froid. »

Notre ardent méridional a trouvé — et c'est justice — l'œuvre qui fait déborder son enthousiasme. Il y a là un de ces « éclairs de l'imagination et du sentiment » que Mme Necker admirait chez Moultou. Passant ensuite à des faits plus terre à terre pour calmer son exaltation, Moultou ne craint pas de donner dans la note comique.

« Perd... est encore icy, nous courons ensemble tout le matin pour voir. Si tu le voiais, il est à Paris comme à Genève. Cependant les belles lui en veulent. Il a été racroché cinq à six fois par des charmantes. « Mon poulet, mon ami, venés avec moi. — Je suis trop vieux, Mademoiselle. — Eh bien ! j'aime les vieillards. — Qu'en feriés-vous ? » etc, etc, et puis de le prendre sous le menton. La pauvre Mme Perd... court de grands risques, je t'assure. On me trouve moins bien que lui, sans doute, car je n'ai point encore été racroché. Mais il ne faut désespérer de rien. »

« Les aventures de M. P... m'on bien fait rire, répond l'indulgente Mme Moultou. Il faut, en vérité, que les filles de Paris aie un furieux apétit. Le pauvre homme se croira un saint pour avoir su résister. Cependant la chose ne me paraît pas difficile à son âge. Pour ce qui me regarde je suis bien tranquille. »

Il était peut-être moins prudent de promener dans ce monde-là le jeune Pierre Moultou. M. Moultou, comptant sur les bons principes de l'éducation de l'*Emile*, que devait renforcer l'atavisme calviniste, menait son fils partout. Il l'avoue à la tendre mère.

« J'allai dimanche au Waux hall. Ce sont deux salles immenses bien décorées et superbement illuminées ; c'est le rendés-vous de toutes les filles de Paris. Il n'y en eut pas une qui tentât ton fils. »

Le fils ne l'eût peut-être pas dit au père. D'ailleurs M. Moulton saurait aviser à temps. Il déclare qu'il ne permettra pas que son fils reste seul dans la capitale.

« Quant à ton fils, à quelque prix que ce fût,

je ne le laisserais point à Paris. Dans une ville aussi dangereuse, il faut qu'un jeune homme, quelque sage qu'il soit, soit toujours surveillé (4 juin). »

IX

A VERSAILLES. — LE ROI ET LA REINE

S'arrachant à ces curiosités malsaines, le voyageur genevois ne tarde pas à assister au spectacle qui, encore en 1778, onze ans avant la Révolution, était considéré comme le plus beau aux yeux des Français et des étrangers de passage, la Cour du Roi au milieu des splendeurs du cadre de Versailles. Un secrétaire de M. Necker, assez bel esprit, familier de Rousseau et connu de Moultou, le Genevois Coindet, se chargea de servir de guide à ce dernier (1).

Coindet était entré en relations avec Moultou en lui envoyant un exemplaire de la *Nouvelle Héloïse*, pour laquelle il s'était chargé de faire graver des estampes.

Mme Necker écrit à son sujet :

« M. Coindet, c'est un galant homme que M. Necker supporte depuis longtems par égard pour ses vertus et non pour son mérite... Il a mille

(1) Alexis François, *Correspondance de Jean-Jacques Rousseau et François Coindet*, dans les *Annales Jean-Jacques Rousseau*, t. XIV, 1922.

écus d'appointement et un logement ; ce n'est pas trop pour un excellent commis, mais c'est beaucoup trop pour un bel esprit... Ces messieurs lui ont facilité l'acquisition de 1.500 livres de rente ».

Au retour de Versailles, le lundi 18 mai, M. Moultou raconte immédiatement ce qu'il a vu.

D'abord les palais :

« Je partis samedy pour Versailles, où je suis resté jusqu'à dimanche à deux heures, et j'en suis parti pour Marly qui n'en est éloigné que de deux lieues, qui ne font pas une des nôtres. En arrivant de Paris, le Palais de Versailles paraît écrasé, il n'anonce point ce qu'il est, mais quand on voit la façade du côté des Jardins, je ne connais pas d'aspect plus imposant et plus magnifique. Le seul Palais de Versailles est aussi grand que nôtre petite Genève. Les Jardins sont immenses et du meilleur goût, pleins de statues des plus grands maîtres. J'ai suivi d'un bout à l'autre le vaste canal qui est environné du Parc, et j'ai été par cette route à Trianon, le samedy soir.

« Trianon est très agréable. C'est une maison charmante, ses jardins sont délicieux. Il tient au Parc de Versailles. Le feu Roy avait fait bâtir une petite maison, pas trop grande pour un particulier, aux environs de Trianon, qu'on appelle le Petit Trianon. La Reine l'a prise pour elle ; elle y a fait fère un jardin anglais, qui sera délicieux. On y a fait passer une rivière, on y a élevé à bras des montagnes (petites comme tu penses), mais qui en varient infiniment les sites, et qui font un charmant effet. »

Puis la Reine :

« A nôtre retour de Trianon à Versailles, nous vîmes le jeu de la Reine. Elle jouait au Pharaon et gagnait. Un étranger non présenté ne voit guères le jeu, mais Coindet a le secret d'entrer partout, parce qu'il a des amis partout. La Reine est très jolie, elle paraissait un peu fière la première fois que je l'ai vuë ; c'était une beauté autrichienne ; mais Dimanche à la messe et à son dîner, elle avair l'air très doux, c'était une beauté française. Elle était bien de toute manière, je la trouvai pourtant plus belle Dimanche que samedy. Sa grossesse est sûre. Les autres Princesses ne sont pas jolies, j'en excepte Mme Elisabeth qui est fort bien. »

Enfin le Roi :

« Je ne te dirai rien de l'intérieur du Palais de Versailles. Le salon d'Hercule, mais surtout la Gallerie sont des choses dont on ne se fait pas d'idée si on ne les voit pas.

« Nous entendîmes la messe du Roy, nous vîmes ce Prince dans sa tribune et ensuite à table. Il a l'air bon, et gai, à table il parlait à ses courtisans et riait aux éclats. Sa figure est très bien. Il était maigre autrefois, aujourd'hui il a de l'embonpoint. M. d'Artois est un beau prince (1). »

---

(1) Le mot *fort* beau effacé.

« La salle d'opéra de Versailles est de la plus belle architecture et d'une richesse étonnante.

« Nous avons vu l'appartement du Roy, où j'admirai un tableau sublime de Michel-Ange, et les petits appartements de la Reine que personne ne voit. Ils sont d'un goût exquis. Le Milon du Puget, le Gladiateur mourant sont des choses sublimes.

« Le Roy partit Dimanche de Versailles pour Marly. La route était bordée de peuple dans un espace de deux lieues. Nous vîmes arriver la Reyne. Marly est un vieux château. La salle de jeu est très belle, mais les jardins sont une féerie. Je n'ai rien vu qui m'ait fait autant de plaisir.

« Ah ! ma bonne femme, que ce voiage serait délicieux pour moi, si tu partageais le plaisir qu'il me fait, et mes chers enfants, que je vous désire touts ! Ma santé est au mieux. Je fus samedy six heures au moins sur mes jambes ; Dimanche, je ne m'assis presque qu'en carosse pour mon retour. Je n'ai point été fatigué. »

Ainsi onze ans avant la Révolution, Paul Moultou a pu contempler la Reine Marie-Antoinette radieusement belle et le Roi Louis XVI encore heureux, populaire, et riant aux éclats ! Louis XVI avait vingt-quatre ans et Marie-Antoinette vingt-trois. Elle était enceinte de son premier enfant, Marie-Thérèse de France, que devaient suivre deux princes, le premier Dauphin Louis, mort heureusement pour lui en 1789, et le malheureux Louis XVII.

Tout fier de ce qu'il avait vu à Versailles, Paul Moultou n'avait pu résister à la fantaisie de s'amuser aux dépens de l'un de ses concitoyens. Il mande à sa femme :

« Marc... dina hier icy. Il est aussi spirituel qu'à Genève. Je lui fis croire qu'au jeu de la Reine, on m'offrit les cartes et que je fus obligé d'y perdre vingt-cinq louis d'or. Il me promit bien de n'y pas aller. »

Le concitoyen était aussi pauvre d'esprit qu'avare de son argent.

X

NOUVEAUX SOUPERS, NOUVEAUX VISAGES. LE THÉATRE

Passant de la Cour à la Ville, Moultou augmente le nombre de ses relations parmi les ambassadeurs, les gentilshommes, les gens de lettres du salon de Mme Necker. C'est d'abord le prince de Beauvau-Craon, de l'Académie française, plus tard maréchal de France et ministre d'Etat, allié à la maison de Rohan-Chabot, donc à la fille de Mme d'Anville. Commandant au Languedoc, il s'était empressé de libérer les malheureuses huguenotes enfermées à la tour de Constance d'Aigues-Mortes, dès que l'avait permis un édit réparateur du Roi. C'était un titre précieux à la considération de Moultou. Le fils du lieutenant général comte de Guibert, M. Jacques-Antoine-Hippolyte de Guibert, l'auteur tout à la fois d'ouvrages de tactique et de tragédies, évoque le souvenir de Julie de Lespinasse ; le marquis de Saint-Lambert, le poète des *Saisons*, celui de Mme du Châtelet et de Mme d'Houdetot. Le comte de Broglie reporte au temps de la diplomatie de Louis XV et du Secret du Roi. Le marquis de Castries les dépasse tous en intérêt aux yeux de Moultou.

Le comte d'Aranda ne retient pas seulement l'attention de ce dernier pour avoir contribué à chasser les jésuites d'Espagne, mais encore il lui donne des renseignements précieux sur la marche des galions des Indes occidentales et des vaisseaux des Indes orientales dont dépend une partie de la fortune de Moultou. On sait que l'Espagne était encore la puissance dont les colonies étaient le plus étendues.

Dans sa correspondance, Moultou n'a garde d'oublier personne.

« J'ai vu hier M. d'Aranda, ambassadeur d'Espagne...

« J'ai dîné hier avec touts les gens de lettres (au moins les fameux) de Paris. M. le prince de Beauvau vint après le dîner. Guibert est aimable, l'abbé Arnaud a beaucoup d'esprit. Il est dans le genre de Venel (1). M. de Saint-Lambert est très ingénieux, mais son esprit a un peu de sécheresse. »

Le 19 mai, grand dîner parlementaire :

« Nous eûmes hier vingt présidents ou maîtres des requêtes ou intendants à dîner, et le soir Mmes de Bouffler, Du Défan, etc., etc., le comte de Broglio, l'homme le plus spirituel de la Cour et beau-

(1) Un ami de Moultou établi dans le midi de la France.

coup d'ambassadeurs. Mme de Boufflers a tout l'esprit qu'on peut avoir. Je ne suis point déplacé dans ce monde ; un peu timide, mais assez bien disant. »

Moultou, on le voit, reste naïvement content de soi. La vie de Paris, où il se sent et se dit si fêté, le prend tout entier.

« C'est une manière de vie singulière. Il semble que l'on veut tromper la vie. On n'est occupé dès le matin qu'à hâter le retour du soir. Le temps multiplie ici ses ailes et l'on semble craindre qu'elles n'aillent pas assez vite (lettre du 20 mai). »

Cette vie ardente effraie notre Genevois.

« Paris est charmant. Je n'y voudrais pourtant pas vivre [toute l'année], mais deux ou trois mois par an, le reste à la campagne. Je ne conçois comment Mme Necker y tient. Quelle fatigue (15 mai) ! »

Il faut remarquer qu'ainsi que tous les hôtes de passage à Paris, Moultou ne se ménageait pas dans sa course aux plaisirs.

Comme aujourd'hui, Paris tenait le sceptre du théâtre. L'ami de l'auteur de la *Lettre sur les spectacles* y passe l'après-midi, entre le dîner et le souper. Il renseigne ici sur les pièces du moment et les principaux interprètes.

Dès l'arrivée, Mme de Vermenoux l'avait mené à l'Opéra. Moultou y retourne souvent. La comédie l'attire davantage, et la tragédie, quoiqu'elle lui paraisse parfois un spectacle digne de la foire, nous dirions aujourd'hui du Grand Guignol. Ainsi la tragédie de Belloy.

« J'ai vu jouer *Gabrielle de Vergis* par Mme Vestris et De la Rive. Mme Vestris est admirable dans ce rôle, elle joue singulièrement bien le cinquième acte. Cette tragédie est affreuse, autant vaudrait assister à un spectacle de la Grève. »

En digne bourgeois de Genève, Moultou préfère les classiques interprétés par les maîtres de l'art et notamment par celle qui les dépassait tous à cette époque, bien que l'état de sa santé lui eût fait renoncer à la scène, Mlle Clairon.

« Je fus hier à la Comédie, raconte Moultou, le 23 mai. Le *Misanthrope* fut très bien joué par Molé ; mais un moment avant le souper, j'eus un spectacle bien plus délicieux, Mlle Clairon nous joua le premier acte de *Phèdre*. C'est une faveur signalée, car elle ne joue plus. Rien au monde ne m'a plus étonné que sa déclamation, rien ne m'a paru ny plus vrai, ny plus sublime. Quelle perte pour le théâtre que cette femme ! Elle parle sur son art à ravir. C'est moi, par mes séductions, qui l'engageai à jouer, elle eut la bonté de l'avouer et tout le monde en fut bien reconnaissant, car on me dit des choses charmantes. »

Et Moultou continue à donner son avis sur les artistes de Paris :

« Je n'ai point couru depuis plusieurs jours, je m'en suis tenu à l'opéra et à la comédie. Nous avons été charmés de Mollet et transportés de

Préville. Ils jouèrent hier dans le *Menteur*. Mollet fit à merveille et Préville dans le *Mercure galant* fait cinq rolles différents et touts avec la même supériorité. Le *Déserteur*, que j'avais vu la veille, me fit verser des larmes et me déchira l'âme ; Louise était excellente, mais le Déserteur était médiocre. Je ne sais si je t'ai dit que le Chevalier de Chateleux nous avait lu une comédie délicieuse. C'est le caractère de Pl... à ne pas s'y méprendre. *L'Officieux importun* est le titre de la pièce. »

Moultou renseigne presque sur tout le répertoire de la saison théâtrale de 1778. Le mélodrame de Mercier, le *Déserteur*, qui, mis en musique par Monsigny, avait passé sur la scène de l'Opéra, était toujours le grand succès. Au mois de mai, Moultou assiste encore à la représentation de deux pièces moins connues, le *Bûcheron* et l'*Amoureux de quinze ans*.

Il n'en poursuit pas moins sa course aux monuments et cultive les hommes à la mode. Parmi ceux-ci, il s'éprend tout particulièrement d'un fidèle ami de Necker, que le directeur général des finances devait réussir à faire entrer au Conseil du Roi, le marquis de Castries, le vainqueur de Clostercamp, plus tard maréchal de France, un seigneur éminemment sympathique.

Moultou écrit, le 25 mai :

« Je vais voir aujourd'hui le Palais Bourbon, c'est un chef d'œuvre de petit luxe. En tout, Paris me plaît et l'air de Paris me convient. Le temps a changé deux ou trois fois et j'ai à peine senti que j'avais des rhumatismes. A Genève, j'aurais été très mal à mon aise. Cependant je ne voudrais passer ma vie ici, la tête tourne dans un aussi grand tourbillon.

« J'ai soupé avec M. de Castres, presque tête à tête, car il n'y avait que lui, M. et Mme Necker. Ton fils était chez Mme de Vermenoux, qui s'en est engouée et lui d'elle (c'est un mal de ma famille). M. de Castres est un homme du premier mérite, instruit comme un simple particulier et vivant à la Cour comme un sage. Il est digne de sa réputation et des plus grandes places. Je fus très bien à ce souper et M. de Castres me témoigna beaucoup de bontés. Si j'avais 20.000 livres de rentes de plus, je vivrais une partie de l'année à Paris. »

Ce n'est pas la première fois, ni la dernière, que Moultou se déclare content de lui-même, de son fils, de ce qu'il voit, de ce qu'il fait, ni qu'il caresse le projet de revenir passer quelque temps à Paris avec sa famille. L'excellente Mme Moultou ne cesse d'approuver, elle va jusqu'à se flatter que ce séjour pourrait tenir lieu à son mari de cure d'Aix-les-Bains. A distance, et par correspondance, elle partage les joies de M. Moultou et se réjouit de lui connaître tant de succès.

M. Moultou soignait sa tenue pour ces belles réceptions.

« Mme Necker nous comble de bontés. J'ai fait un habit, veste et culotte de pékin puce et un habit négligé d'une étoffe de Rouen, soie et cotton gris. Elle m'a fait trouver dans mon armoire deux fort jolies vestes brodées et une pour ton fils, qu'il met sous un pékin d'un bleu tendre. Il est fort joli sous cet habit. »

Mme Moultou est toute heureuse. Elle écrit à son cher mari :

« Je te voyois avec ton habit puce, tes yeux brillant qui peignoit si bien la vivacité de ton âme. »

Pour réconcilier, si possible, son époux avec son pays, la bonne dame ajoutait, comme en passant :

« On sent à Genève tout ton mérite. »

Elle savait que M. Moultou n'était pas insensible aux compliments. Ce n'était pas que ceux qu'il se décernait à lui-même fussent immérités. La lettre suivante que Mme Necker écrivait à Mme Moultou, le 26 mai 1778, ne pouvait que confirmer celle-ci dans l'opinion qu'elle se faisait des succès mondains de son époux.

« Je suis bien confuse, Madame, d'avoir tardé si longtems à vous rendre compte du précieux dépôt que vous m'avez confié, mais M. Moultou vous dira que je ne suis pas maîtresse de mes instants. Il me seroit difficile de vous peindre l'impression que j'ai ressentie en revoyant après onze ans d'absence l'ami de mon enfance, l'homme qui m'auroit été infiniment cher par ses vertus et par son génie, quand il n'auroit pas été en même tems la personne du monde à qui j'ai les plus grandes et les plus touchantes obligations.

« Le croiriez-vous, Madame, après un si long intervalle je ne l'ai trouvé un peu changé que sur un seul objet, c'est qu'il vous chérit et vous adore encore plus que dans le commencement de votre union. Tout le monde est enchanté ici de son esprit, de ses lumières et de son extrême politesse, aussi a-t-il les plus grands succès dans la plus grande et la meilleure compagnie. On est bien peu accoutumé à voir un esprit si fin, si ardent en même tems, réuni à des principes si purs, et, moi-même, quand je suis avec lui, je crois respirer un air nouveau qui me rend toute la douceur des impressions de ma première jeunesse.

« Mais, Madame, vous nous manquez beaucoup à tous les deux, et cependant nous vous appellons bien souvent en tiers avec nous, et vos lettres font nos délices, quand M. Moultou juge à propos de nous les montrer. Vous en avez écrit une céleste à Monsieur votre fils ; il faut bien que je vous en dise un mot, de ce fils qui nous intéresse tous si vivement. Je vous assure que s'il ne faisoit pas votre bonheur, il auroit bien fait mon envie, et que je n'ai jamais vu d'enfant qui m'ait plus fait sentir le regret de n'avoir pas été plus souvent mère. »

Mme de Vermenoux confirme ces éloges dans une lettre qu'elle adresse de son côté à Mme Moultou. Au milieu de ses relations mondaines de Paris, Paul Moultou nageait, pour ainsi dire, dans une mer d'affection. Il le redit à sa tendre épouse.

« Il est impossible que je t'exprime toute l'amitié que Mme Necker me montre ; son mari m'aime aussi, je vois de plus qu'il m'estime. J'éprouve mille satisfactions dans cette maison. Mme de Vermenoux est aussi une excellente amie, aucun de ces amis n'est changé pour moi, et ils t'aiment touts si tendrément qu'il me semble souvent qu'ils ne m'aiment qu'à cause de toi, et cela me flatte bien plus encore. — Ton fils est fort aimé...

« Quand tu répondras, dis-moi des choses bien tendres pour Mme Necker et pour Mme de Vermenoux, qu'il paraisse que je t'ai dit que Mme Necker me comble d'excellents procédés (27 mai). »

Mme Moultou, en dame de Genève d'avant la Révolution, était peut-être moins expansive que nos Parisiens, moins démonstrative que les contemporains de Rousseau en général. Chez eux, l'exaltation affectueuse ne portait quand même pas préjudice à la solidité du sentiment.

Mme Moultou s'exécuta.

« Ta lettre à Mme Necker, ma bonne femme, est charmante. Elle est simple et douce comme toi ; ton cœur se roulait sur le papier pour l'écrire. M. et Mme Necker en ont été parfaitement contents (8 juin). »

Laissons cette carte du Tendre pour retrouver les curiosités de la grande ville.

« J'ai vu hier la bibliothèque immense du Roy et son superbe cabinet d'estampes. C'est de quoi voir pendant cinquante ans. Il y a des choses étonnantes.

« J'ai vu la maison de M. Baujon. C'est un luxe de Roy, un amas prodigieux de choses précieuses, statues antiques et modernes, vases de porcelaine, de porphyre, d'albatre oriental, tableaux des plus grands et des plus agréables peintres, sculptures du meilleur goût, Gobelins supérieurs aux tableaux les plus magnifiques, et tout cela distribué avec une élégance divine (27mai). »

Après avoir contemplé tant de merveilles de l'art et du luxe, l'ex-ministre calviniste éprouve en quelque sorte le besoin de retremper son âme dans des spectacles plus modestes et plus purs. Justement, parmi les étrangers de passage à Paris, on signale la présence de Benjamin Franklin, chargé de recommander à la France les intérêts des *insurgents* de l'Amérique du Nord. Dans le monde raffiné de Paris, il provoquait par son aspect sauvage le même genre de curiosité sympathique et amusée que Jean-Jacques Rousseau autrefois.

M. Moultou se réjouit de voir ce fier républicain.

« Je soupai hier, dit-il, le 28 mai, avec des duchesses, des ambassadeurs, des maréchales, mais je préfère beaucoup un dîner que je dois fère demain avec M. Franklin. Je voudrais étudier cet homme extraordinaire. »

« L'homme extraordinaire » ne se laissa pas

étudier. Il semble qu'il n'ait pas pris garde à M. Moultou, et M. Moultou s'en montre déçu. Franklin habitait à Passy dans la propriété de Mme Le Ray de Chaumont ; est-ce la femme du financier impliqué dans l'affaire du « pacte de famine », qui n'est qu'une légende révolutionnaire?

« Je dinay jeudy chez Mme Le Ray de Chaumont. Elle a une superbe campagne à Passi, où sont deux maisons, dans l'une desquelles demeure le célèbre Franklin. Il ne parle point, et la phisionomie assez peu. Il me parut pourtant un *fin quaker*. Il a l'air de s'être commandé le silence (30 mai). »

Et c'est tout sur Franklin.

Le bouillant républicain du midi, si exubérant de nature et si loquace, perd ses illusions à l'égard du grand silencieux du Massachussets. M. Moultou se rattrape sur le paysage et passe à des objets plus aimables.

« La campagne domine la Seine. C'est une situation qui serait belle à Genève même. Les jardins sont délicieux ; le parc enchanteur, d'une grandeur très considérable et le tout meublé n'a pas coûté vingt-cinq mille écus de Genève. »

Laissant là définitivement Franklin et sa campagne, M. Moultou dirige ailleurs ses pérégrinations.

« J'ai vu hier des tableaux nouveaux de Vernet, supérieurs à tout ce qu'il a fait jusques à présent.

« J'ai lu la *Révolution de Russie*, de Ruillières.

Je crois que je t'en ai parlé. C'est un très bel ouvrage, très attachant. L'historien voit le matériel des actions, calcule les effets et les causes, mais il ne les juge jamais. C'est Suétone qui peint Néron et le meilleur empereur sans laisser voir au lecteur la différence qu'il met entre eux. C'est pousser loin l'impartialité et peut-être aux dépens de son caractère.

« J'irai ce soir à *Phèdre* ou à *Comus*. Je préfère Comus, car la femme qui doit jouer *Phèdre* n'est pas Mlle Clairon, c'est celle qui a débuté dans *Mérope* dont je fus mécontent. Elle est pourtant de Montpellier (30 mai). »

N'oublions pas que Moultou lui-même est de Montpellier !

La course au théâtre reprend ardente. Voici le programme pour le mois de juin :

Lettre du 4 : « J'entendis hier *Agate*, pièce charmante du chevalier de Chateleux. De là j'allai au *Père de famille* et au *Magnifique*, et après souper Marmontel nous lut ses *Statues*, opéra charmant dans le goût de *Zémire et Azor*. J'avais entendu la veille *Roland* ; c'est un spectacle délicieux. »

Marmontel, on le sait, fournissait à cette époque des livrets au compositeur Grétry, dont *Zémire et Azor* passe pour le chef-d'œuvre au même titre que *Richard Cœur de Lion*, représenté plus tard.

Notre Genevois se donne du théâtre à satiété.

Le 6 juin, il est rendu. Il éprouve le besoin de prendre l'air.

« J'ai entendu quatre comédies en un jour, j'en suis rassasié. J'allai pourtant hier aux Français, mais je n'y restai qu'un moment. On donnait le *Philosophe marié*. Nous nous promenâmes ensuite à Auteuil, chez Mme de Bouffler. C'est le plus joli jardin anglais que j'ai vu à Paris.

« J'avais vu Diderot le matin, dont j'ai été très content. Il fut très sage, très honnête et très gai. Il nous lut des morceaux d'une *Vie de Sénèque* et quelques chapitres de *Jacques le Fataliste*, roman bizarre qui ne ressemble qu'à *Tristam Shandy* ou à Rabelais. »

L'ami de Rousseau n'a pas toujours eu lieu d'être si satisfait de Diderot.

Toujours amoureux du classique, il se délectait encore, le 29 juin, à la représentation d'*Iphigénie*.

« C'est le plus beau spectacle que j'ai encore vu, un spectacle digne de l'ancienne Grèce. »

Son séjour à Paris lui en réservait d'autres, bien dramatiques et pris sur le vif.

XI

LA MORT DE VOLTAIRE

La correspondance de Moultou ne donne pas le récit de la visite qu'il se proposait de faire à Voltaire au début de son séjour à Paris. Le grand homme avait-il fermé sa porte ? Le fait est que sa santé était misérable et la fin approchait.

Huit jours après avoir mentionné ce projet de visite, M. Moultou donne à sa femme les nouvelles suivantes.

Le 20 mai :

« Voltaire est fort malade. »

Le 28 mai :

« Voltaire est toujours malade. »

Enfin le 30 mai, voici ce qu'il écrit — et ce lui est une occasion de donner son avis, avec sa sévérité coutumière, sur les gens de lettres de son temps.

« Voltaire se meurt, s'il n'est pas mort cette nuit. On croit qu'on lui refusera la sépulture. Cela fait un mouvement prodigieux parmi les gens de lettres. Ils font les tristes, et sont ravis de voir mourir quelcun qui gênait leur réputation, et les effaçait entièrement. Ces messieurs sont aimables, sans doute, mais estimables, c'est autre chose. Je m'en acomode bien dans la société ; dans l'intérieur de la vie, je n'en voudrais ny pour confident, ny pour ami. Mais cecy bien entre nous deux ; car tout s'écrit et la haine des philosophes est pire que celle des dévots. Ils me fêtent beaucoup et je m'en amuze infiniment. Mme Necker leur rend toute justice, cecy encore pour nous deux. J'en excepte deux ou trois, et c'est beaucoup. »

N'y a-t-il pas de l'ingratitude dans ces jugements excessifs ? Il dira de Diderot : «Il ressemble beaucoup à nôtre Bonnet, toujours sur le trépied, hypocrite de morale, comme Bonnet de dogme.

« Chère femme, les hommes entassés dans les capitales, perdent en vertu tout ce qu'ils gagnent en agrément. Il faut voir Paris comme un spectacle enchanteur, qui plaît un moment avec vivacité, et qui enlève l'âme au-dessus des inquiétudes et des tourments de la vie, mais qui n'en consolerait pas. C'est chés les peuples simples qu'il faut chercher le repos du cœur et les vraies douceurs de l'existence, inséparables des vertus.

« C'est auprès de toi qu'on en trouve la perfection et le vrai bonheur. Adieu, chère et très chère amie, malgré les plaisirs de Paris, qu'il me tarde de te rejoindre ! »

Cette diatribe contre les hommes de lettres se

renouvelle quelques jours plus tard dans la correspondance de Moultou. L'éclat de la capitale n'empêche pas l'ancien ministre de l'Eglise de Genève de voir, et de condamner toute espèce d'hypocrisie.

« Paris est charmant, mais c'est le tout ensemble, car il y a bien peu d'individus estimables et intéressants. Plus je vois les gens de lettre, et plus je m'en détache, à l'exception de Thomas et de Buffon, ils sont si méprisables, mais cecy entre nous, car si ces gens-là voiaient percer mon mépris pour eux, ils ne me le pardonneraient pas. Je leur ai plu, il faut leur laisser de moi un souvenir agréable.

« Je fais aussi le plus grand cas de l'abbé Raynal ; tout le reste est un tas de frippons, qui sacrifient tout à la célébrité, et qui sont jaloux de touts ceux qui peuvent offusquer leur gloire. Ils ne sont liés que par l'esprit de parti. Gluc et Pichini ont anéanti des amitiés de vingt ans, et ont occasionné plus de haines que n'en ont excité parmi nous le *négatisme* et le *représentatisme.* Quelle nation frivole ! Cela fait pitié. Elle est cependant bien aimable (18 juin). »

Est-ce que M. Moultou s'accommoderait encore moins des Parisiens que des Genevois ? Le voisinage de la Suisse, l'influence de Jean-Jacques, brouillé avec les philosophes de son temps, n'ont pu que lui inculquer le goût d'une grande simplicité morale. Il doit sans doute encore à l'éducation genevoise le développement extrême de son sens critique, qu'il est piquant de trouver associé à son exubérante nature de fils du midi.

La mort de Voltaire, il est vrai, mettait à nu les travers de ses contemporains. Le 1er juin, M. Moultou annonce définitivement à sa femme la grande nouvelle :

« Le pauvre Voltaire est mort avant-hier. Les prêtres n'ont pas voulu l'enterrer. On fait semblant de l'amener à Ferney et on l'enterrera dans la route, à une trentaine de lieues de Paris. Je ne sais si les héritiers vendront la terre. »

Cette question intéressait Moultou qui, dans son dégoût pour le séjour des villes, aspirait à s'établir à la campagne. La terre de Ferney lui aurait convenu. Au reste le sentiment qui l'animait à l'égard de Voltaire était d'ordre intellectuel. S'il admirait son génie, il ne s'était attaché à lui que pour combattre l'intolérance et pour secourir ses coreligionnaires de France. Il était loin de l'avoir aimé et surtout estimé comme Jean-Jacques. Mais encore cette mort était pour lui le sujet de réflexions peu flatteuses pour les confrères survivants du grand homme.

« La mort de Voltaire a fait une grande sensation, parce que l'on a voulu qu'elle n'en fît aucune. Les gazettes, par ordre, n'en ont pas parlé, mais on n'a pas parlé d'autre chose dans les soupers. Les gens de lettre n'ont pas même l'adresse de cacher leur joie. L'Empire des lettres va se tourner en République, et peut-être en une anarchie où chacun prétendra à la place de Voltaire qui tenait le sceptre avec un furieux despotisme (4 juin). »

Il terminait sa lettre par l'envoi de l'*Epitaphe de Voltaire par un de ses ennemis* :

« Plus bel esprit que beau génie,
« Sans foi, sans honneur, sans vertu,
« Il est mort comme il a vécu
« Couvert de gloire et d'infamie. »

« Ne dis pas que je te l'ai envoiée, » recommande le prudent Moultou à sa femme.

Quelque excessive que soit sa sévérité en jugeant les hommes de son temps, l'ancien pasteur genevois montre quand même du bon sens. Il a des accents prophétiques quand il dit de Voltaire, à la date du 8 juin 1778 :

« Les cordeliers ont refusé de fère le service que l'Académie française devait à M. de Voltaire. L'Académie y met de la chaleur, je ne sais comment la chose se décidera. La postérité sera bien étonnée de la manière dont on traite ce grand homme. Un jour, elle rapellera ses cendres, et Paris s'honorera enfin de son tombeau, comme il s'honore de ses ouvrages. »

C'était prévoir les honneurs de la sépulture du Panthéon.

XII

LES GALERIES DE PEINTURE.

LA DUCHESSE D'ANVILLE. BUFFON, TURGOT, BAILLY

Les hommes petits et grands passent et la vie suit son cours. Moultou ne renonce à aucune des jouissances élevées que lui réserve la capitale. Ce sont encore les beaux jardins de plaisance, et puis surtout les tableaux des grands maîtres qui l'attirent. A Genève, et dans la famille de sa femme, on se piquait de se connaître en peinture.

La mode était alors d'aller le dimanche à Versailles. Moultou écrit, le lundi 8 juin :

« Je devais aller hier à Versailles voir la procession des Cordons bleus ; il pleuvait et cela m'arrêta. J'en ai eu quelque regret, j'aurais vu toute la Cour à la fois ; cependant quand on l'a vuë en détail, on peut en prendre son parti.

« J'allai au Moulin joli, maison charmante de M. Watelet, qui nous reçut avec toute la politesse et toute la bonté possible du meilleur des hommes. C'est une isle où la Seine fait une infinité de détours qui offrent touts des points de vue variés et piquants. Les arbres y sont très beaux, et dans une quantité prodigieuse. A chaque allée, dans chaque cabinet, on trouve des vers appropriés à l'endroit où ils sont écrits, et au sentiment que ce lieu fait naître.

« J'ai vu enfin la galerie du Palais Royal. Cette collection de tableaux, la plus belle qui soit dans le monde, m'a fait un plaisir que je ne pourrais exprimer. J'y passai quelques heures dans un ravissement céleste ; mais il faudrait y passer des années. On a ôté les flamands, mais les plus grands maîtres des écoles française et italienne y étonnent à l'envi par de vrais prodiges ; ils prouvent que le beau a plus d'une manière, et que de quelques moiens que l'on se serve, on parvient à son but, pourvu que l'on sache saisir et rendre la belle nature.

« Un amour qui fait un arc de la massue d'Hercule est d'une beauté au-dessus de la description. C'est un ouvrage sublime ; si l'amour existe, tout autre forme ne lui convient pas. Et sur combien de milliers de formes, le peintre a-t-il su choisir la plus parfaite ? Une Sainte famille de Raphaël remplit l'âme de la dévotion la plus douce et la plus tendre ; rien ne flatte aussi agréablement l'imagination et le cœur. Mais quel déchirement j'éprouvai à la vuë d'une descente de croix d'Annibal Carrache ! Auprès du cadavre étendu de Jésus, on voit une femme mourante, une autre le regarde avec une douleur si vive et si exprimée qu'elle se communique et se transmet en un instant. Je pleurai devant ce tableau qui n'est pas grand et dont on a offert dix mille louis d'or. Il y a tant de richesses dans cette galerie qu'il est impossible d'entrer dans des détails si l'on veut finir. Touts les chefs d'œuvres du Poussin y sont : c'était un grand poëte. »

Sous l'impression si vive des joies artistiques, que règlent le goût de la beauté classique et la culture toute académique du temps, M. Moultou parcourt les unes après les autres les collections publiques. Il écrit le 18 juin :

« Je vais voir aujourd'hui l'Académie de peinture, où sont les Batailles d'Alexandre, et touts les tableaux de Le Sueur qui étaient aux Chartreux. J'aurai bientôt tout vu...

« J'ai vu la gallerie et touts les tableaux du Luxembourg, ainsi il ne me reste presque plus rien à voir à Paris, » disait-il le 15 juin. « La collection du Luxembourg n'approche pas celle du Palais Royal. Il y a un Corrège qui m'a étonné. Le tableau du Déluge du Poussin est d'une vérité effrayante. »

Moultou approchait sans trop de regrets du terme de son voyage. Pourtant la vie était délicieuse et saine à Paris, à la fin du printemps de 1778.

« Les chaleurs ne sont pas fortes, disait-il... Je suis logé au rez-de-chaussée dans une chambre immense qui donne sur un vaste jardin, plein de rozes et de fleurs, où je me promène dès que je suis levé. L'air en est très pur. »

De l'hôtel du Contrôle des finances il poussait sa promenade jusqu'au jardin voisin des Tuileries.

« Je ne t'ai rien dit des Thuileries. C'est un jardin délicieux. Depuis qu'on l'a joint à la place de Louis XV et aux Champs Elysées, il est d'une étendue immense ; je m'y promène presque touts les jours. »

Il se levait à huit heures, prenait son chocolat, puis faisait ses courses matinales. Le dîner était à quatre heures, le souper très tardif, après les promenades, les visites et le théâtre. Mais la mode donnait le signal du départ. Moultou le constate :

« Mme de Vermenoux part vendredy pour la campagne. Elle veut me garder icy tout le mois de juillet, mais ny elle, ny Mme Necker ne sauront mon départ. J'emporterai le chat, et je compte que le 8 de juillet, s'il plaît à Dieu, me verra parti pour Genève. »

Moultou devait, suivant l'ordonnance de la faculté, y prendre les bains du lac. Il continuait à se porter fort bien, mais en suivant le régime des arthritiques.

« J'ai bon appétit, je dîne bien, je ne soupe qu'avec de la salade et des légumes... Ménage-toi de ton côté, ma bonne femme, prend ton cresson. »

Après ce conseil salutaire, revient l'antienne :

« M. et Mme Necker me comblent de bontés, de

même que ton fils. Je vis délicieusement avec eux. Mme Necker est la femme la plus respectable que je connaisse et la plus aimable (18 juin). »

Cette dernière épithète n'avait pas encore le sens quelque peu banal d'aujourd'hui.

Après Mme Necker, après Mme de Vermenoux, M. Moultou allait retrouver à Paris sa troisième amie, Mme de La Rochefoucauld d'Anville. La duchesse n'était pas à Paris au début du séjour de l'ami de Rousseau. Au mois de mai, elle avait passé d'une villégiature à une autre. Le 31 mai, Moultou la voit enfin chez Mme de Chabot (Rohan), fille de la duchesse et mère de deux jeunes comtes qui séjournaient en ce moment à Genève.

« J'allai dîner hier au Val, écrit-il le 1er juin, chez Mme de Chabot, où était Mme d'Enville. Elle m'embrassa trois ou quatre fois et me montra beaucoup d'amitié. Elle est toujours la même. Le Val est à cinq lieues de Paris dans la forêt de Saint-Germain. C'est un endroit délicieux. Nous courûmes toute la forêt qui est superbe. »

Dès lors Moultou reprit la douce habitude des entretiens de Genève en allant fréquemment dîner chez la duchesse. Ses hôtes du Contrôle général l'y autorisaient, quoique la fidélité gardée à Turgot par Mme d'Anville dût la rendre moins bienveillante à l'égard du ministre qui l'avait supplanté. Cela ne pouvait que jeter du froid dans les relations de la duchesse avec les Necker.

Chez les Necker, en revanche, Moultou eut l'occasion de rencontrer une duchesse encore plus célèbre, la maréchale de Montmorency Luxembourg, que sa situation d'oracle du bon ton à la Cour de Versailles n'avait pas empêchée de témoigner une si vive sollicitude à l'égard du citoyen de Genève, Jean-Jacques Rousseau [1]. Toutefois la maréchale de Luxembourg ne produisit pas sur Moultou autant d'impression qu'un autre habitué du salon de Mme Necker, le solennel comte de Buffon, qui terminait alors son superbe ouvrage et qui nous est présenté ici sous des traits plus familiers (11 juin).

« Je ne t'écris qu'un mot aujourd'hui, parce que je me suis levé tard, et qu'il faut aller dîner chez Mme d'Enville. J'allai hier à Sceaux avec Mme Necker, les jardins sont délicieux. Nous y vîmes une chapelle dont le plafond est peint par Le Brun et un Hercule du Puget qui est de la plus grande beauté.

« Je dînai la veille avec M. de Buffon, qui est un vieillard de 74 ans, d'une simplicité et d'une bonhomie touchantes, sublime quand il parle de science, enfant quand il s'agit des choses communes de la société. J'ai eu le bonheur de lui plaire, il m'a fait beaucoup d'amitiés, et a dit à Mme Necker des choses très flatteuses sur mon compte. En général j'ai bien pris dans ce païs-cy. On m'y traite

(1) Cf. *La maréchale de Luxembourg*, par M. Hippolyte Buffenoir, Paris, 1923.

bien autrement qu'à Genève. Mon petit amour propre s'acommode assés d'être bien voulu et caressé, mais j'aime encore mieux l'être par toi que par qui que ce soit au monde. Chère amie, une heure à tes côtés me revaudra tout ce que je perdrai en quitant Paris, et empêchera mes regrets. »

C'est en reproduisant ces louables déclarations d'amour conjugal que nous cherchons à atténuer l'impression peut-être fâcheuse que donne aux lettres de Paul Moultou ce perpétuel contentement de soi ; ainsi dans cette lettre du 20 juin :

« Je puis te dire que j'ai eu dans ce païs assez de succès et que cela continue, je suis écouté et goûté. Le marquis de Castres, qui a beaucoup de mérite, laissa avant-hier toute la compagnie pour fère la conversation avec moi et dit le lendemain à Mme Necker qu'il n'avait rien perdu à se séparer de l'assemblée, que je causais également bien sur touts les sujets, que j'entraînais par un charme auquel on ne résiste point. Il faut bien parler à sa femme et à une aussi bonne femme que la mienne, pour parler avec cette vérité. D'un autre côté, le bonhomme Buffon dit à tout le monde qu'il n'a jamais rencontré d'homme dont la tête fût mieux faite et qui fût plus éloquent :

« Pardi, où cet homme a-t-il appris le français? Est-il possible qu'il ne soit point sorti de Genève ?... »

Les pointes lancées contre ses concitoyens n'étaient pas pour déplaire à M. Moultou. Il y gagnait au contraire un certain relief. Aussi s'entendait-il au mieux avec M. de Buffon, qui n'appréciait guère les Genevois. L'auguste savant lui fit les honneurs du cabinet d'histoire naturelle du jardin du Roi ; après quoi il le retint à dîner. Les deux illustres personnages purent tout à leur aise émettre leurs jugements sur Genève et les Genevois.

Enfin il allait être présenté à Turgot, le seul homme d'Etat qui aurait pu prévenir la Révolution, et aux amis de ce grand ministre, l'abbé Sigorgne, le pédagogue, devenu plus tard vicaire général du diocèse de Mâcon, et le très distingué abbé de Véri, ancien condisciple de Turgot, docteur de Sorbonne et auteur d'un curieux journal sur Louis XV. Cela se passa chez Mme d'Anville, où prédominait l'élément libéral. Moultou devait aussi rencontrer, chez la duchesse, Mme Dupré de Saint-Maur, sans doute la veuve de l'intendant lettré et, quelques jours après, l'abbé de Mably.

Dans sa lettre du 20 juin, Moultou raconte l'entrevue :

« J'ai dîné avant-hier chez Mme d'Enville avec l'abbé Sigorgne, M. l'abbé de Véri et M. Turgot. Je trouvai Sigorgne un bonhomme ; il aime mon ami Le Sage, en parla avec chaleur et intérêt, et me parut ensuite se justifier auprès de moi en particulier assez bien sur ses procédés avec M. Le Sage.

« Je me disputai avec l'abbé de Véri, sur Mylord

Chatam. Je parlai, j'oze le dire, avec chaleur et éloquence, et je tuai l'abbé Véry, qui n'avait que de l'esprit. Mme Duprés de Saint-Maur, qui en a beaucoup, me rechercha depuis ce moment et me parut très contente de moi.

« Nous ne fûmes pas d'acord avec le Turgot et nous nous chamaillâmes. C'est une belle figure, avec assés peu de phisionomie. Il a l'air de ne point aimer les femmes, et pour cause. Il parle assez bien, mais il est un peu lent, peut-être un peu lourd ; il est acoutumé à dominer, et supporte assés dificilement un avis qui contrarie le sien. Je le traitai comme un homme ordinaire, avec beaucoup de politesse et encor plus d'amour pour la vérité. »

Moultou ne conclut pourtant pas son éloge de Turgot comme Mme du Deffand, qui écrivait à Walpole : « En voilà assez sur ce sot animal ! »

Moultou était trop attaché à Necker pour goûter Turgot, le ministre évincé, bien que celui-ci fût le personnage en vedette du salon de Mme d'Anville. Ainsi Moultou faisait connaissance avec les précurseurs de la Révolution, et aussi avec ceux qui en devaient être les premiers héros, en attendant d'en devenir les victimes. Tel Bailly, le futur maire de Paris, connu alors comme un savant académicien. Bailly lui servait de cicérone dans les musées.

« Bailli me mena à la gallerie du Luxembour. J'avais vu les tableaux et non pas la gallerie que l'on va transporter au Louvre, et qui par cette raison est fermée. Cette gallerie est d'un coloris à transporter. La Reine qui vient d'acoucher est une chose unique ; l'empreinte de la douleur passée et de la joie que lui cause son fils est peinte avec une expression que l'on n'imagine qu'après l'avoir vuë. M. Bailli me parla de M. Le Sage, dont il fait le plus grand cas, quoiqu'il n'adopte pas son système. Ses deux derniers volumes paraîtront au mois de janvier. »

Bailly écrivait alors son grand ouvrage d'astronomie.

L'accueil si flatteur que Moultou recevait à Paris des personnages de marque appartenant à tous les partis, à tous les mondes, aurait pu le déterminer à s'y établir, au moins pour la saison d'hiver.

« M. Necker me témoigne toujours plus d'amitié et de confiance. Mme de Vermenoux prétend que si je voulais me fixer icy, il me placerait bien, à la première ouverture convenable. Je n'en puis douter. Mme Necker le souhaiterait fort. Mais changer de païs, de manière de vivre, à mon âge ? Il y faut regarder à deux fois. Nous verrons quand nous causerons ensemble. »

Ainsi Moultou ne renonçait pas absolument à toute velléité d'installation dans la grande ville. En attendant, le dimanche 21 juin, il faisait sa dernière visite à Versailles. Il écrit le lendemain :

« J'allai hier à Versailles avec Mme Necker. Nous y dînâmes avec son mari. Il y avait à Versailles des choses que je voulais revoir, et d'autres que je n'avais pas vues. Il y a des tableaux pour deux saisons ; ils avaient changé depuis que j'étais icy. D'ailleurs on ne voit pas le dépôt des tableaux et je pouvais le voir. J'y vis et à Versailles des choses admirables.

« Une adoration des Mages par Ruben, qui est une chose divine, une Sainte famille de Vandik qui serait au-dessus de l'expression si elle n'était presque effacée par un tableau du même genre de Raphaël, qui est le plus beau tableau du Roy, et d'un prix infini. L'ombre de Samuel de Salvator Roza est une chose divine; ce tableau fait peur : il y a quelque chose d'aërien dans le spectre qui étonne.

« La mort de Saint François d'Annibal Carrache est sublime : mais rien ne m'aurait plus frapé qu'un Christ et une Madelaine du Guide, si je n'avais vu les quatre travaux d'Hercule du même auteur. Ce sont quatre tableaux d'un prix inestimable, où le peintre est au-dessus de son art, et montre qu'il était lui-même l'Hercule des peintres.

« Michel Ange n'est pas moins admirable dans ses deux tableaux de Goliath tué par David. L'énergie du peintre, sa sublime manière, son action héroïque et rapide, tout étonne et renverse. On ne se fait en vérité aucune idée de ces choses-là, il faut les voir. Un portrait en pied de Charles Ier, depuis peu chés le Roy, m'a fait un grand plaisir : c'est une superbe chose. Je ne te parle pas de plusieurs Claude Lorrain, incroiables par leur vérité, dont ton frère serait passioné. Ces beaux tableaux ne sont rien auprès des grands tableaux d'histoire, et les modernes rien auprès des anciens, celui même de la famille de Darius est effacé par eux. J'ai vu de belles choses de Le Sueur depuis peu chés le Roy. Tu verras tout cela une fois, ma chère bonne, et peut-être plus d'une fois.

« Mme Necker t'aime tendrement, son mari me verra partir avec regret. Je lui suis bien tendrement attaché...

« Nous allâmes voir à nôtre retour de Versailles, Lucienne de Mme du Bari. C'est un très petit pavillon, où touts les arts se sont surpassés pour le décorer. Le goût y fait oublier la magnificence. Je n'ai rien vu de plus agréable. La situation est unique, sur une hauteur au-dessous de laquelle la Seine serpente entre des forêts. Je ne vis pas Mme du Bari, parce que nous étions avec Mme Necker qui ne se souciait pas de la voir. Sans cela je me serais fait présenter à elle. »

La dernière maîtresse de Louis XV, après avoir subi un an d'exil, avait été autorisée par Louis XVI à rentrer dans sa résidence favorite. Mais elle restait au ban de la société vertueuse du temps.

Après cette visite de Versailles, si pleine de révélations artistiques, et que Moultou raconte longuement à sa femme, il alla voir encore la Muette et Bagatelle. « Cette dernière maison appartient à M. d'Artois. Elle est charmante. »

Ainsi Moultou avait parcouru les principales résidences princières de Paris et des environs. Restait Chantilly où il aurait aimé à se rendre ; le temps lui manqua. Il ajourna sa visite jusqu'à ce prochain voyage problématique qu'il méditait. Quant à la résidence plus modeste d'Ermenonville, il n'en est pas question dans la correspondance, de sorte que nous doutons qu'il y soit jamais allé.

Et maintenant il lui restait à réaliser le programme, l'objet qui avait été le prétexte de ce présent voyage. Il consistait à conduire à Rouen son fils aîné Pierre qui l'avait accompagné. Il pouvait craindre aussi que le jeune homme finît par se laisser gâter par les gracieuses Parisiennes, jeunes ou vieilles. Il s'occupe sérieusement de lui dans sa lettre du 25 juin.

« Il est bien joli garçon ce fils, qui est à toi. Mme la Maréchale de Luxembourg le prit hier par le menton et lui dit : « Venez que je vous voie, vous êtes très joli ; mais pourquoi ne pas relever une tête si bonne à voir ? » Tout le monde le trouve d'une figure charmante. Tandis que les vieilles s'occupaient de mon fils, je fesais ma cour à Mme la Comtesse de Boufiers, qui n'est pas jeune, mais a plus d'esprit que personne, et à sa belle-fille, Mme la Comtesse Amélie, qui est très jeune et très jolie. Tout cela part pour Plombières ; Paris commence à être désert.

« Je dînai hier chez Mme d'Enville, avec l'abbé de Mably. Il fut très content de moi, et moi de lui.

« Voilà, dit-il quand je fus parti, le seul Genevois que j'ai vu pensant bien ; je n'avais pas encor vu un Genevois Républicain ! »

L'abbé de salon prétendait remontrer à des républicains vieux de plusieurs siècles.

« Puisque je te dois toute vérité, j'ai eu le plus grand succès à Paris, où je n'ai pas manqué une seule personne ; et j'ai eu le bonheur de plaire aux grands et aux gens de lettre. Il n'y aura peut-être que les banquiers genevois auxquels je n'aurai pas plu ; je n'en ai pas été voir un seul. »

Cette pointe lancée contre les banquiers de Paris originaires de Genève ne doit pas surprendre de la part du glorieux Moultou. Ce n'est pas qu'il ait négligé ses affaires durant son séjour. Mme Necker lui laissait toute liberté pour voir d'autres amis et connaissances que ceux qui fréquentaient chez elle.

M. Moultou rendait visite à des personnages du midi ou de Genève, de passage à Paris, avec lesquels il était en relations et dont les renseignements pouvaient lui être utiles (1). Il s'intéressait aux transports maritimes, dans lesquels sa fortune était engagée, et à la vente de certaines propriétés qui lui appartenaient à Marseille (2).

Il s'était chargé de diverses emplettes à faire, notamment un service de Sèvres blanc et or. Mais

(1) MM. de Romegas et de Saint-Gervais, MMmes de La Tour, Lavit et Sinkinson ; MM. Perdriau et Marcet ; M. de La Lande-Magon, l'armateur.

(2) Un manège appartenant à Mme Moulton-Cayla.

qu'il était irrésolu à cet égard ! Au moment du retour, il écrira à Mme Moultou ces mots désolants : « Je n'ai fait aucune de tes commissions. (1) »

---

(1) Voici ce qu'une dame de Genève cherchait à se procurer à Paris, à cette époque :

« des pois quarantins,
« deux cœffes,
« quatre pots de rouge de blonde,
« un tambour pour broder,
« trois douzaines et demie d'assiettes de porcelaine,
« du laudanum de Beaumé. »

XIII

A ROUEN. — LA GUERRE

C'était provisoirement à Rouen, en attendant de l'envoyer en Angleterre, que M. Moultou se proposait de conduire son fils Pierre. Les dispositions de celui-ci pour les mathématiques devaient trouver une application pratique dans les affaires de banque. Il fallait débuter par un apprentissage dans une maison de commerce dirigée par des amis de Genève (1).

Rouen, où il conduisit son fils dans la première semaine de juillet, ne devait en tout cas pas lui plaire mieux que Genève. Voici ce qu'en dit dans ses lettres ce terrible critique :

« Rouen est une infâme ville ; la société de Rouen est détestable, d'une platitude à fère mal au cœur. Le commerce qu'on y fait est peu propre à instruire et à donner des idées, en sorte que j'ai un extrême regret d'y avoir mené ton fils... »

C'était sur le désir de Mme Moultou que le jeune homme avait été placé à Rouen, afin qu'échappé

(1) Entre autres, M. Chauvet.

aux séductions de Paris, il ne fût pas d'autre part trop éloigné de sa famille. Mais l'intention de M. Moultou était de le faire passer à Londres, où peu après, le génie mathématique de Pierre Moultou allait le signaler au point de lui valoir l'honneur insigne, à l'âge de vingt ans, d'être admis au nombre des membres de la Société royale d'Angleterre.

Au retour de Rouen, M. Moultou écrivait à sa femme :

« J'ai du chagrin d'avoir quité ton fils, mais il sera bien adouci en m'aprochant de toi. Le Prince de Gonzague dit hier dans une société nombreuse que M. Orsley lui avait dit beaucoup de bien de ton fils, et de son génie pour les mathématiques, et que Mylord Sthanope en fait le plus grand cas. Cela fit plaisir à M. et à Mme Necker, ainsi qu'à M. de Buffon et autres gens de lettres qui ont touts été enchantés de ton fils, dont ils ont admiré l'éducation. Je t'avouë que ce voiage de Paris m'a paié de toutes les peines que j'avais prises pour lui. C'est un enfant adorable, tout le monde me disait : « Que vous êtes heureux d'en être le père ! » Diderot en rafolait, Maester l'adore. »

Et encore :

« J'ai reçu des lettres de ton fils dont je suis très content. On l'a fort goûté à Paris. En le laissant peu à Rouen, il ne s'y gâtera pas. »

L'élection de Londres devait confirmer la bonne opinion que Moultou avait de son fils.

Les bruits de guerre ne détournaient pas Moultou du dessein de faire passer son fils de Normandie en Angleterre, dans cette Angleterre qu'il aimait, au fond, comme un bon protestant qu'il était. Il aurait eu une tendance à prendre le parti de l'Angleterre contre les colonies insurgées et il voyait dans l'avenir de l'Amérique et de sa puissance une menace pour l'Europe.

La guerre d'Amérique pouvait inquiéter M. Moultou à cause des intérêts de sa fortune, qu'il avait dans les marines de France et d'Espagne. Durant son séjour à Paris, il n'avait cessé de se préoccuper de la marche des galions revenant des Antilles, des vaisseaux du Sud retournant des Philippines et des navires de commerce trafiquant au Bengale. Il s'en était entretenu dès le début avec l'ambassadeur d'Espagne, qu'il rencontrait aux soupers de Mme Necker. L'Espagne paraissait obligée, en vertu du Pacte de famille, de se déclarer pour la France.

Avant l'arrivée de Moultou à Paris, le traité entre les Etats-Unis naissants et la France avait été signé, le 6 février 1778. Dès lors Moultou prend loyalement son parti en faveur de l'alliance et de l'intervention armée.

Au point de vue politique et militaire du résultat du conflit, Moultou est rassuré. Il est optimiste. Il compte que la guerre ne sera pas longue. Il ne doute pas de la supériorité de la flotte française sur l'anglaise, car tout est bien changé depuis la guerre de Sept ans. Le ministère du duc de Choiseul a bien préparé la revanche. Un rapide succès de la France forcera la Grande Bretagne à capituler et à renoncer à l'empire des mers. Moultou reflète naturellement les sentiments du ministre Necker et donne la note et les pronostics des bureaux du Contrôle général.

« Je ne doute pas que la France ne réussisse dans cette guerre, le dernier Courrier de l'Europe prouve que la marine anglaise est très mal. Il était temps que les mers fussent libres et que chaque peuple pût y fère le commerce qui lui convenait (lettre du 6 juin). »

« Il paraît que les forces maritimes des Anglais sont peu redoutables et que celles de la France sont supérieures même sans le concours de celles d'Espagne. Quel changement ! Les Américains ont rejetté les bils conciliatoires du parlement d'Angleterre. Tout anonce à la France une guerre heureuse et je crois que son commerce en souffrira peu (8 juin). »

Ce point le préoccupait, ainsi que Mme Moultou qui avait confié sa pacotille à deux bâtiments, le *Sartines* et la *Philippine*. Il se rassure très vite.

« La guerre se déclarant, le commerce de France souffrira peu, car la marine anglaise est bien faible. Ils auront peu de corsaires, parce qu'ils manquent de matelots. Le commerce de la France, au contraire, sera bien protégé (11 juin). »

« Les Anglais sont mal, car la marine de France

est sur le meilleur pied possible. Les vaisseaux de Brest sont magnifiques et armés jusqu'aux dents. D'un autre côté, il me semble impossible que l'Espagne abandonne la France, et la marine espagnole est formidable (20 juin). »

Les prévisions de Moultou sur la coopération espagnole devaient se réaliser. Au moment de partir pour Rouen, Moultou savait déjà la nouvelle de la première rencontre sur mer. Elle venait d'avoir lieu, le 17 juin, près de Brest entre *l'Aréthuse* et la *Belle Poule*, bateau qui devait donner son nom à une des coiffures monumentales du temps.

« Une poule survint, et voilà la guerre allumée, » écrit Mme du Deffand. Voici le récit de Moultou :

«Il y a eu un combat très vif entre une frégatte française et une frégate anglaise. L'Anglais dit au Français d'aller parler à son amiral. Le Français dit que ce n'était pas son chemin. L'Anglais tira sa bordée, le Français la sienne. On se batit quatre à cinq heures. Le Français a eu cinquante hommes tués, soixante blessés, l'Anglais ne doit pas en avoir eu moins, et vraisemblablement la frégatte anglaise était prise si le Français n'eût pas craint en la poursuivant de tomber dans la flotte de Kepel. Je ne doute pas que cette hostilité ne soit le signal de la guerre. Je voudrais bien savoir les gallions à Cadix ; j'ai peur que Biron ne soit allé à leur rencontre. Dieu veuille nous préserver d'accident ;

mais j'ai peur pour la *Philippine*, quoique j'espère que le commerce de France sera protégé (22 juin).»

La relation de Moultou est une de ces nouvelles à la main que l'on se transmettait dans le monde. Elle se trouve reproduite telle quelle, à peu près, dans une lettre du comte de Serrant, publiée par le feu duc de La Trémoïlle, de l'Institut. Malgré la discrétion habituelle de Necker, Moultou pouvait, sur ces faits de guerre, être bien renseigné dans la maison où il logeait.

Il est permis de constater ici l'admirable situation politique, militaire, commerciale et maritime de la France au début du règne de Louis XVI, le monarque excellent à qui la République américaine doit le triomphe de sa cause, pour ne pas dire son indépendance. Notons aussi qu'à ce moment les finances, source de tous les succès, étaient brillamment administrées par le Genevois Jacques Necker, l'amphitryon de Paul Moultou.

XIV

LA MORT DE JEAN-JACQUES ROUSSEAU. LE DÉPART DE PARIS

Au début de la guerre, au moment où la monarchie française collaborait à la création de la première grande république démocratique, l'auteur du *Contrat social* disparaissait.

Après une semaine de séjour, Moultou avait quitté Rouen sans aviser son fils de l'heure du départ, afin d'éviter les scènes d'attendrissement de cette époque sensible entre toutes. Il n'avait plus que huit jours à passer à Paris et devait en consacrer deux à sa délicieuse amie Mme de Vermenoux, qui passait l'été à Sèvres.

A ce moment, comme un coup de foudre, il reçoit les nouvelles funestes qui concernent Jean-Jacques Rousseau.

Il l'avait laissé partir, le 20 mai, pour Ermenonville, où le philosophe semblait ne devoir résider que peu de temps, puisque Moultou comptait le revoir à Paris.

Le départ de Jean-Jacques de la capitale n'avait pas passé inaperçu. A Genève, on s'en inquiétait.

Mme Moultou mande à son mari, le 16 juin :

« On fait courir un bruit bien singulier : on assure que Rousseau est parti de Paris. »

Six jours après, elle insiste :

« On parle beaucoup de Rousseau, les uns d'une maniaire, les autres d'une autre. On dit qu'il a été obligé de quiter Paris. Je ne sait si je me trompe, mais je n'ai jamais pu m'enpêcher de croire que tous ses malheur venait de sa femme, du moins en grande partie. »

Dans les lettres qu'il confie à la poste, Moultou n'aime pas à parler de Jean-Jacques Rousseau. Mme Moultou revient à la charge pour la troisième fois :

« Tu ne me dit point s'il est vrai que Rousseau ait été obligé de quiter Paris pour des mémoires que l'on lui a prit et que l'on imprime en Holande. Je ne comprend rien à cela, mais on assure ici que c'est très vrai (30 juin). »

Enfin Moultou se décide à détromper sa femme, mais, hélas ! une nouvelle plus grave sur le sort du ci-devant citoyen de Genève l'a déjà atteint durant son séjour à Rouen.

« Les mêmes bruits ont couru à Paris sur Rousseau et ses mémoires, sans fondement. Il était en campagne à Ermenonville, mais hier Coindet m'écrit sa mort. Cette nouvelle me causerait une peine extrême, si je n'espérais qu'elle est fausse. Ermenonville est à dix lieues de Paris, ainsi Coindet peut être mal instruit (lettre de Rouen, lundi, 6 juillet). »

A sa rentrée à Paris, Moultou ne peut plus douter. Le funeste événement avait eu lieu le 2 juillet 1778, à onze heures du matin.

« Le pauvre Rousseau est mort. Il est fort regretté. On reproche partout aux Genevois la manière dont ils l'ont traité (Paris, jeudi, 9 juillet). »

L'oraison funèbre est brève et la pointe lancée contre les concitoyens n'en atténue pas la pauvreté. Mais, dans ses lettres, Moultou n'osait s'étendre à ce sujet. Le lundi suivant, il écrit à sa femme avec une prudence extrême :

« Ne me renvoie pas la lettre que l'on m'a écrite pour me communiquer la mort de Rousseau. On me presse d'aller voir sa veuve, mais comme cela me ferait perdre un ou deux jours, je ne sais si je pourrai y aller (1) ».

Ainsi M. Moultou semble avoir renoncé à un pélerinage assez indiqué à Ermenonville, sur la tombe de son ami. Est-il fondé de tancer les autres au sujet de leur indifférence ?

L'attrait du home, la perspective de retrouver la maison familiale avec une femme chérie et les quatre enfants laissés au pays, détourne l'attention de Moultou des événements qui se passent à Paris. Dans sa dernière lettre il donne encore des nouvelles

---

(1) Cf. Lettre du marquis de Girardin à Coindet, Ermenonville, 10 juillet 78. Al. François. *Correspondance de Rousseau et Coindet. Annales de la Société Rousseau*, t. XIV, p. XXIV. — A. Martin Decaen, *Le marquis de Girardin*. Paris, 1912, in-8°.

de la guerre et annonce le second des combats qui inaugurent la lutte navale anglo-française.

« La flotte de Brest est sortie, celle de Kepel aussi, de Plimouth. Il y a apparence qu'il y aura là de furieux coups. »

Ils furent donnés dans la rencontre d'Ouessant, le 17 juillet, au moment du retour de Moultou à Genève.

Moultou avait hâte d'y rentrer, comme si les deux grands génies qu'il avait connus, Voltaire et Rousseau, ne fussent plus là pour le retenir à Paris. En annonçant son départ pour le jeudi suivant à sa femme, il a la délicate attention de la rassurer sur les dangers du voyage. Il lui écrit, le lundi, 13 juillet :

« La route de Paris à Genève est une promenade délicieuse. Ce sont des chemins d'une largeur immense, bordés d'arbres d'une hauteur prodigieuse. »

Ce n'est pas que M. Moultou quitte ses aimables hôtes en visiteur ingrat. Afin d'éviter les poignantes effusions de la séparation, il prend congé de M. Necker, sans dire adieu à Mme Necker. Le coup n'en est pas moins rude, et Suzanne, après le départ de son ami d'enfance, lui écrit une longue lettre [1] :

Elle y exhale sa douleur en ces termes :

« Je n'essayerai pas de vous peindre, monsieur, l'état où je me suis trouvée, quand aprèz avoir

(1) Reproduite par M. d'Haussonville d'apres notre dossier.

demandé plusieurs fois pourquoi vous ne veniez point, M. Necker a prononcé enfin que vous étiez parti ; je suis sortie immédiatement et je me suis livrée à toute l'amertume de ma douleur ; les idées les plus noires se sont présentées à mon cœur désolé et des torrents de larmes versés à plusieurs reprises ne pouvoient diminuer le poids qui me suffoquoit.

« Il est donc bien vrai, mon aimable ami, je vous ai revu aprèz cette longue mort, que les âmes indifférentes osent nommer absence ; je vous ai revu pour vous reperdre encore. Vous m'êtes devenu plus cher que dans les jours de ma jeunesse ; et si je vous ai trouvé plus interressant qu'alors, j'ai cru me trouver aussi plus sensible ; âme douce et pure, où êtes-vous ? Dans quel cœur puis-je à présent, reposer les pensées qui m'agitent ; ma société n'a plus d'attrait pour moi depuis qu'elle a perdu un si cher ornement, toute mon attention étoit partagée entre le plaisir de vous entendre et celui de l'impression que vous faisiez.

« Je dois rendre cette justice à mes connoissances, que vous avez laissé une profonde trace dans leur cœur, partout où l'on vous a vû, vous avez été remarqué, jamais personne n'a fait ici un effet si prompt et sans doute si durable. Je serois trop longue et je m'attendrirois trop si je vous répétois ce que j'entends dire tous les jours dans tous les états, et avec une vivacité de regrets que je n'avois point encore observée ; je ne nommerai pas, quoiqu'on me persécute pour cela, je ne veux vous parler que de vous et de moi. C'est le seul moment de personnalité que j'aurai peut-être de ma vie ; mais quand je vous entretiens, je sens que le *moi* se prononce avec douceur.

« A présent, mon aimable ami, me voilà de nouveau dans ce désert que vous étiez venu peupler. Cet intérêt si tendre que vous m'avez marqué, cette chaleur d'âme si bien peinte dans vos regards ; la douceur de votre sourire, la pureté jointe au génie, voilà le spectacle que vous m'avez montré ici, voilà l'ami qui, s'attachant à mon enfance, me donna les premières idées du goût dans un lieu sauvage, et qui est venu me remontrer l'image de la vertu dans le centre de la corruption. »

Et la lettre continue dans des termes toujours aussi affectueux. Cette lettre se passe de commentaires. C'est le plus bel hommage qu'une femme puisse adresser à un ami, qui n'est rien qu'un ami. Quand on le voit rendu par une femme aussi distinguée que Mme Necker, on est obligé de convenir que Moultou était un homme du plus rare mérite. Il avait surtout le « charme auquel on ne résiste point », comme disait M. de Castries. A la pureté du cœur, à l'attachement chevaleresque pour ses amis et les justes causes, Paul Moultou joignait un grand désintéressement, une absence complète de sentiments égoïstes. Avec des dons naturels et une culture qui lui eussent permis, encore plus qu'un autre, comme le lui disait M. Necker, de se faire une réputation de philosophe et d'écrivain, il n'employait ses talents que dans la conversation et dans la société des êtres qui lui étaient chers. Il ne provoquait aucune jalousie littéraire et n'offusquait personne. Il flattait au contraire ses interlocuteurs en leur réservant à eux seuls tout ce que contenait sa brillante intelligence [1].

Mme de Vermenoux confirme cette bonne impression dans une lettre où elle demande à Mme Moultou d'accompagner M. Moultou dans un prochain voyage.

« Non, vous n'oublierez point cette promesse renouvellée tant de fois ; vous ne l'oublierez point après nous en avoir laissé un gage si précieux. Je ne veux pas vous répéter, ma chère madame, tout ce qu'on a pu vous dire des succès de M. Moultou chés les grands seigneurs, chés les gens de lettres, et généralement dans toutes les sociétés où il s'est montré. On n'a rien pu vous en dire que je n'ai prédit il y a longtems.

« Ce païs où le mérite est peut-être plus rare qu'ailleurs, n'en est pas moins celui où on l'aprécie avec le plus de justice et même avec le plus d'enthousiasme. J'ajouterai seulement que nous l'avons trouvé aussi jeune que jamais. Son imagination n'a rien perdu de cette chaleur, de cette énergie qui lui sont si naturelles, et ce qui m'a tou-

(1) En remerciant Moultou du compliment qu'il lui avait fait pour l'*Eloge de Colbert*, Necker lui écrivait déjà, le 8 septembre 1773 : « Il n'est personne que vous n'eussiez laissé fort loin derrière vous si vous aviez attaché quelque importance à vous faire imprimer. »

chée encore plus, c'est qu'il a su réunir, dans le peu de tems qu'il nous a donné, tout ce qu'il devoit à Mme Necker, à sa société, à l'empressement de ses anciens amis. Quoique je ne l'aye point vu aussi souvent que je l'eus désiré, je ne puis pas me plaindre d'avoir été oubliée et s'il avoit pu vous déterminer, chère madame, à le suivre, je n'aurois aucun tort à lui reprocher [1]. »

Après le départ, Meister qui, devenu le successeur de Grimm à la *Correspondance littéraire*, n'en continuait pas moins à loger chez Mme de Vermenoux sans plus servir de précepteur au fils de cette dame, écrivit à Moultou :

« Qu'est-ce donc que le songe de la vie ? Que nous reste-t-il aujourd'hui, mon excellent ami, de tout le bonheur que vous aviez su répandre autour de nous ? Un souvenir dont la douceur est mêlée de mille regrets. Si vous avez partagé la tristesse que nous a laissée votre départ, vous avez retrouvé du moins les distractions les plus douces dans le sein d'une famille chérie et dont vous êtes adoré. Rien n'a changé pour nous. Et le sentiment de ce que nous avons perdu ne peut être adouci que par des espérances encore éloignées.

« Jamais nous n'avons trouvé la vie de la campagne [à Sèvres] aussi solitaire, aussi triste, aussi ennuyeuse. C'est qu'il ne se passe pas un jour que nous ne comparions notre manière d'être avec celle

---

(1) Mme de Vermenoux à Mme Moultou, 5 juillet 1778.

dont nous jouïrions si nos projets avaient été suivis. J'ai plus de confiance sans doute que je n'en avais ci-devant dans les promesses dont vous avez flatté si longtemps le vœu de vos amis. Mais je redoute encore vos incertitudes. Et je suis fort tenté de vous faire ici le même reproche que vous fait Lavater dans ses *Essais physionomiques*, « c'est de mettre dans vos plans de conduite un excès de prévoyance capable d'en arrêter l'éxécution ». Je vous l'ai dit plus d'une fois et j'en suis plus convaincu que jamais.

« Pour être à Paris comme il vous convient de l'être, il faut y revenir bientôt, y demeurer longtems, paraître, s'il est possible, prêt à vous y fixer. Et je réponds du reste.

« Vous avez laissé de vous à M. Necker la plus haute opinion que je lui aie jamais vue de personne, et il y joint l'attachement le plus tendre. Je ne crois pas qu'il y ait un être dans le monde qui lui ait fait éprouver plus vivement le charme et le besoin d'un ami véritable. Mais il n'en est pas moins sûr que l'absence affaiblira bientôt l'impression que vous lui avez faite. Cette âme est trop fortement occupée du moment qui entraîne son attention, pour se replier aisément sur le passé, qui n'est plus, ou sur l'avenir, qui ne sera peut-être jamais.

« Tout ce qui entoure M. et Mme Necker partage leurs sentimens pour vous. L'ambassadeur de Naples a passé l'autre jour quatre heures ici. On a dit assez de mal des trois quarts et demi du genre humain, mais on a expié tout cela en parlant de vous. Il n'est point d'éloge qui n'ait été fait de votre esprit, de vos connaissances, de l'intérêt et de la douceur de votre société. Ne suis-je pas bien ridicule de vous dire tout cela comme si vous pouviez en douter, ou comme si cela pouvait être autrement ? »

Il est certes flatteur pour un étranger de laisser de tels regrets dans l'élite de la société parisienne. La lettre de Meister est caractéristique à cet égard. En donnant un aperçu curieux de l'esprit de Necker, uniquement attaché au moment présent, elle montre que les amis de Moultou, plus que Moultou lui-même, se flattaient que le ministre du Roi réussirait à le fixer à Paris et utiliserait les talents de l'ami d'enfance de sa femme en lui procurant une situation honorable. C'était méconnaître le manque d'ambition de Moultou, son indolence, son indécision naturelle, que Meister relevait ici d'une façon si piquante.

Et Moultou ? Que pensait-il ? Il rapportait en tout cas de son séjour un souvenir ineffaçable. Il écrivait à son amie, quelques mois plus tard, le 10 mars, la lettre suivante, conservée aux archives de Coppet (1) :

« Ah ! madame, quels trois mois j'ai passé auprès de vous ? Ai-je pu pendant cet espace

(1) Communiquée par feu M. d'Haussonville.

parler seulement trois fois de Genève à M. Necker? Non, j'étais entraîné par cette suite de miracles qui me forçaient à convenir que le bien était encore possible, et, au vrai, il n'y était là qu'un prodige. C'était le grand homme qui faisait ces choses. »

M. Moultou indiquait que ce qu'il avait le plus admiré à Paris, ce n'étaient ni les grands seigneurs, ni les philosophes, c'était M. Necker ; ce qu'il avait le plus apprécié, c'était, ni le théâtre, ni les soupers littéraires, mais la conversation de Mme Necker. Somme toute il ne tenait déjà plus à se fixer à Paris, ni même à y retourner. Echappant, avec l'éloignement, au prestige de la capitale, il était repris, au retour, par l'attrait de la simple nature, si bien que dans le brouillon d'une autre lettre destinée à Mme Necker, il rappelait une visite à l'hospice qu'elle avait fondé et concluait par cette prosopopée à la Jean-Jacques :

« Je ne l'oublierai de ma vie, Madame, ce jour où je fus conduit par vous à l'hospice de Charité. Que mon cœur fut ému ! Avec quel transport je serrai cette main secourable qui se préparait à soulager tant de misères ! Vingt fois je fus tenté de me jetter à vos pieds et de les arroser de mes larmes. Non Paris, avec sa triste magnificence, n'avait excité dans mon âme que des sentimens d'indignation et d'horreur. Ses palais tant vantés ne me montraient au loin que des mazures abandonnées ; sur leurs orgueilleux chapitaux je lisais presque les noms des malheureux dont le sang avait cimenté leurs marbres lugubres. Mais cette humble maison réparait à mes yeux tant d'outrages faits à la nature ; j'y voiais un Dieu bienfaisant qui prenait en pitié l'humanité périssante. »

Que cette lettre déclamatoire, inspirée par l'invocation de Rousseau à Fabricius, dans le discours des *Sciences et des arts*, ait été envoyée ou non, il n'était pas permis à Moultou d'oublier les jouissances artistiques et mondaines que lui avaient procurées la vue des splendeurs de Paris et la vie de la capitale. Il avait pu éprouver l'amitié si fidèle et si délicate, non seulement de M. et Mme Necker, mais encore de Mme de Vermenoux, de Meister et de la duchesse d'Anville. Malgré sa sévérité coutumière à l'égard des célébrités parisiennes, les grands amis de Mme Necker, Thomas et Buffon, puis l'abbé Raynal, le savant Bailly, le marquis de Castries avaient trouvé grâce devant ses yeux et touché son cœur. N'était-ce pas déjà beaucoup? Et n'était-ce pas une faveur singulière que son séjour lui eût fait assister, pour ainsi dire, aux derniers moments de ses deux plus illustres correspondants, Voltaire et Jean-Jacques Rousseau ?

XV

LE RETOUR AU PAYS. — LA PUBLICATION DES CONFESSIONS

La perspective du revoir atténue les tristesses de la séparation. En quittant ses amis de Paris, Paul Moultou leur avait fait espérer qu'il reviendrait prochainement. Il se flattait lui-même. Durant les neuf dernières années qui lui restaient de vie, Moultou ne devait pas retourner à Paris. Cependant ses amis l'y rappelaient de leurs vœux. De leur côté, les Genevois dont il partageait les sentiments politiques, les Clavière et les D'Ivernois, auraient désiré qu'il s'y rendît de nouveau. Les bourgeois du parti des *représentants* comptaient sur ses relations en France pour s'en faire un appui dans leurs revendications contre les aristocrates *négatifs*.

En rentrant au pays, Moultou avait une tâche à remplir. Il devait tenir la promesse qu'il avait faite à Jean-Jacques Rousseau de publier les mémoires du philosophe. Approuvé par le marquis de

Girardin, chez qui ce dernier était mort, et qui pensait représenter les droits de la veuve, Paul Moultou, s'entendit avec M. du Peyrou, l'ami neuchâtelois de Rousseau, qui détenait aussi des manuscrits du citoyen de Genève.

Il fut convenu que la publication des œuvres de Jean-Jacques Rousseau se ferait dans l'intérêt de la gloire du grand homme et dans l'intention d'en assurer le bénéfice matériel à Thérèse Levasseur. Contrat fut dressé qui garantissait à cette femme peu digne une rente suffisante et Thérèse se garda bien de légitimer ses relations avec un domestique d'Ermenonville, de crainte de perdre la situation lucrative de *Veuve Rousseau* (1).

D'accord avec Moultou le principal dépositaire, Du Peyrou recueillait tous les manuscrits et les faisait copier à Neuchâtel. Cette copie était expédiée à la Société typographique de Genève, définitivement chargée de l'impression. Cette société, recommandée par l'éditeur de Voltaire, Cramer, était dirigée notamment par deux jeunes avocats, dont l'un, François d'Ivernois, devint plus tard célèbre (2). Conformément aux instructions de Jean-Jacques Rousseau, Moultou se réserva de rédiger la préface après l'achèvement complet de l'ouvrage ; il y travaillait au moment de sa mort. En

---

(1) Un capital de 24.000 francs, soit 1.200 francs de rente.

(2) Ses associés étaient MM. Boin et Bassompierre. Voir contrats de janvier, septembre et novembre 1779, signés par MM. Moultou et de Tournes.

guise d'introduction, Du Peyrou composa une grande prosopopée, dédicace aux mânes de Jean-Jacques. Dès l'extrême fin de 1779, les livraisons commencèrent à paraître. Elles se succédèrent assez rapidement. Les éditeurs faisaient des cadeaux très appréciés de leurs amis de Paris, en leur adressant les fascicules publiés. Moultou recourut à la collaboration de son ami Garcin pour l'édition du dictionnaire de botanique, que le seigneur de Cottens critiquait congrûment. M. de Tournes l'aidait dans le classement de la correspondance. Malgré tant de soins, les éditeurs se déclarèrent peu satisfaits de l'impression (1). L'entreprise fit faillite. En 1785, elle avait fait perdre à M. Moultou et à M. de Tournes, qui avait bien voulu se joindre à lui, une somme de 54.000 francs. Jusqu'à sa mort, en 1801, la veuve Rousseau resta à la charge de Mme Moultou, qui ne l'aimait pas, et de Mme de Tournes (2).

Ce qui piquait la curiosité du public, c'étaient les *Confessions*, notamment la seconde partie, dont on se promettait les révélations sur la société du temps. Paul Moultou se borna à donner les six premiers livres de la copie que Rousseau lui avait remise. Du Peyrou ne possédait en manuscrit que

---

(1) Collection complète des Œuvres. Genève, 1780-1789, 17 vol. in-4°, et collection complète des Œuvres. Genève, 1782-1789, 33 vol. in-8°.

(2) Karmin, *Sir Francis d'Ivernois*, 1920, p. 43 et suiv. — Alexis François, *Annales J.-J. Rousseau*, 1911, t. VII, p. 133.

les trois du début et le commencement du quatrième [1].

Comme Rousseau avait eu la sagesse d'exiger que la seconde partie des *Confessions* ne parût pas avant la fin du siècle, Moultou dut se défendre contre la curiosité des gens qui lui demandaient de leur confier au moins le manuscrit, tels le prince et la princesse de Beauvau, qui le sollicitaient par l'entremise de Mme Necker (janvier et mai 1786).

Dans un projet de lettre destinée à être montrée, Moultou mandait à son amie.

« Mais, Madame, si j'avais ce manuscrit en mes mains, l'ignoreriés-vous ?... Jugeons par les derniers écris de Rousseau de ce que cette partie des *Confessions* doit être. Hélas ! Madame, ses *Dialogues*, ses *Rêveries*, ont trop montré cette humeur noire et mélancholique qui le consumait depuis si longtems. Cette maladie cruelle, triste héritage qu'il avait reçu de sa famille, dénaturait à ses yeux tous les objets et versait sur les actions les plus innocentes, les plus estimables, lorsqu'elles se raportaient à lui, le poison de sa sombre manie. Sans être coupable d'injustice, il aura donc été souverainement injuste dans cet écrit, et le meilleur, le plus aimant des hommes s'y sera peint comme le plus noir des ingrats envers ses plus généreux

(1) Le manuscrit de Neuchâtel a été publié par M. Th. Dufour : « La première rédaction des Confessions » (livres I à IV), *Annales J.-J. Rousseau*, t. IV, 1908.

protecteurs. Et ses amis contribueraient à sa diffamation en répendant de pareils écris ? Non. Madame, ils seraient alors les seuls coupables, car seuls ils tromperaient le public et sur Rousseau lui-même et sur ceux qu'il a jugés [1]. »

C'est là le vrai sentiment de Moultou au sujet de la seconde partie des *Confessions* et sur la nécessité de ne les pas faire paraître.

Il laissait donc ses amis discourir à leur fantaisie à ce sujet. Mme Necker assurait avoir connu cette seconde partie [2]. On répétait que lecture en avait été faite chez Mme d'Egmont, au mois de mai 1771. Le bruit courait que Condillac en possédait une copie. Quant à Mme d'Anville, elle croyait que le manuscrit avait été brûlé ou qu'il se trouvait en Angleterre.

« Que ne donnerais-je pas pour que cette seconde partie existât encore ! » s'écriait imperturbablement Paul Moultou dans une lettre à Meister. A l'égard de ses intimes, Moultou s'exprimait avec la plus extrême prudence. Comme son fils Pierre revenait de Londres en traversant Paris, où il fit un nouveau séjour chez les Necker, il lui mandait dans une lettre, qui pouvait être répandue :

« Il faut voir Mme Rousseau. Elle prétend entre nous, que M. de Girardin a reçu d'elle le manuscrit de son mari qu'il ne veut pas lui rendre. Il s'agit

(1) Moultou à Mme Necker (brouillon).
(2) 12 janvier 1786.

des six derniers livres de ses mémoires. Tu sais que Rousseau ne m'a donné que les six premiers. »

Moultou ne se montre pas moins énigmatique dans sa correspondance avec Du Peyrou. Il avait d'abord été question que les œuvres de Rousseau fussent imprimées à Neuchâtel. Il fallait s'assurer que la seconde partie des *Confessions* ne paraîtrait pas ailleurs avant l'écoulement de l'édition projetée (1).

« Veuillez donc savoir du dépositaire de ces *Confessions* si l'on peut donner l'assurance en question,» mande Du Peyrou à Moultou (2). Dans la crainte d'une indiscrétion, Moultou se met à nier que la seconde partie existe encore. Du Peyrou s'étonne.

« Je ne sais que penser de la suite des *Confessions*. Si cette suite n'existe pas, comment Rousseau a-t-il laissé subsister les Dialogues ?... Comment a-t-on écrit ici qu'on avait lu tout l'ouvrage ? Tout ceci est obscurité pour moi (3). »

Comme le fils de M. Moultou a obtenu de la veuve Rousseau une sorte de cession des papiers de Jean-Jacques conservés par M. de Girardin, on les réclame au marquis, qui refuse de se dessaisir. Entre temps, Moultou a fait comprendre à Du

---

(1) Conditions de la Société typographique de Neuchâtel (non suivies d'effet), en date du 1er décembre 1778.
(2) Du Peyrou à Moultou, 2 décembre 1778.
(3) Du Peyrou à Moultou, 18 décembre 1778.

Peyrou les motifs de ses précautions et Du Peyrou lui écrit, le 14 juin 1780 :

« Je trouve que vous avez raison, Monsieur, de vouloir garder votre secret. Mais M. de Girardin paraît si convaincu que vous avés en main la copie du tout que je crains qu'il n'en ait trouvé la certitude dans quelques notes de Rousseau. »

Après la mort de son père, Pierre Moultou n'éprouvera pas tant de scrupules. En 1789, il publiera la copie qu'il possédait de la seconde partie des *Confessions*, sans donner, il est vrai, les noms des personnages qui y figurent. Cette publication provoque une brouille avec Du Peyrou qui, d'après la copie qu'il avait prise du manuscrit de Moultou, réimprime le texte à son tour, en donnant les noms.

La Révolution autorisait peut-être, dès l'année initiale 1789, une publication que Jean-Jacques Rousseau, sans prévoir de changement dans l'ancien ordre des choses, estimait devoir attendre l'aurore du XIXe siècle (1).

En somme, c'était à Du Peyrou que Paul Moultou, indolent comme d'habitude et fort circonspect en ce qui le concernait, avait laissé le plus gros de la besogne. Et puis il prenait une trop vive part aux agitations de la cité qu'il habitait, où il avait ses parents dans un camp et ses amis

(1) Voir *Lettre du dépositaire des Mémoires de Rousseau*, citée plus haut, p. 91.

dans l'autre. Il s'absentait volontiers de Genève et ne désarmait pas contre ses concitoyens. « Oh ! les froids Genevois, disait-il ! Nous ne parlons pas la même langue. » On ne reproduit ici que les invectives les plus modérées. La politique — il appartenait toujours au Conseil des Deux Cents, — ne le réconciliait pas avec la République de Genève.

Le conseiller de Chapeaurouge ayant obtenu la dissolution de la commission du Code, la situation se tendit de nouveau et de plus en plus. En 1782, le mécontentement étant à son comble, le gouvernement aristocratique finit par être renversé à la suite d'une prise d'armes des *représentants* et des *natifs*. Les chefs du parti *négatif* durent quitter le pays. Alors intervinrent de nouveau les puissances alliées, garantes de la constitution de 1738, la France, Berne et Zurich, auxquelles se joignit la Sardaigne. A la tête d'une armée coalisée, le marquis de Jaucourt rétablit, malgré des velléités de résistance, le gouvernement aristocratique.

A cette occasion, M. Necker écrivait à Moultou : « Voilà donc des troupes étrangères dans Genève. Tant mieux pour le bien de l'humanité qu'il n'y ait point eu de résistance ; seulement toute l'apparence martiale qui a précédé devient un peu ridicule. Les Négatifs se réjouissent beaucoup, mais je crains quelque grand découragement et peut-être une émigration de la part de l'autre parti. Ah ! qu'un peu de modération de part et d'autre dans ces controverses intérieures eût prévenu de grands maux. Je suis moins inquiet que je n'étois, mais je suis plus triste. Adieu, Monsieur, donnez-nous de vos nouvelles.

« Ce 8 juillet 1782. »

L'aristocratie genevoise perdait à ce moment un de ses membres les plus conciliants, un correspondant de Paul Moultou. C'était l'ancien syndic et professeur Gédéon Turrettini, un des esprits les plus charmants de la ville. La musique le délassait de ses préoccupations politiques (1). Il avait employé ses talents diplomatiques à rapprocher Genève de la Suisse. Sa mort était un grand malheur. Elle passa inaperçue au milieu des troubles du pays. D'autres amis de Moultou, des *représentants* ceux-là, furent obligés de quitter la ville, tels les Du Roveray, les Clavière, les Vernes.

« Est-il vray, écrivait Mme d'Anville à Moultou, que sept mille Genevois ont demandés d'estre reçus en Irlande?... Et le pauvre M. Turetin, je le regrette sincèrement... Vos querelles l'ont peut-aistre tué ; il n'étoit vu de bon œuil d'aucun parti ; je m'en suis apperçu en 1779. »

La duchesse était revenue en 1779 pour voir ses amis de Genève.

Paul Moultou, lançant contre Genève ses plus violentes imprécations et secouant la poussière de ses souliers, s'exile lui-même. Il séjourne en Savoie ;

(1) Un portrait, conservé dans sa famille, le représente jouant du violon.

il voyage en Suisse [1]. Il ne tient pas en place. Ses affaires commerciales et ses intérêts de famille l'attirent à mainte reprise dans le midi de la France [2]. Il retourne cependant à Genève pour quelque temps. Son beau-père, M. Cayla, étant décédé au mois de janvier 1784, il peut réaliser enfin un rêve depuis longtemps conçu, celui de quitter Genève. Il s'installera non plus à Paris, c'est trop tard, mais à la campagne, au pays de Vaud. Il veut suivre l'exemple de son ancien camarade d'études, Garcin de Cottens. Ses amis Necker caressent le même projet. Le ministre des finances avait quitté le pouvoir au mois de mai 1781. Ce fut le temps de sa première retraite. Moultou n'avait pas manqué de lui témoigner toute sa sympathie. Necker s'en trouva touché et le remercia dans une lettre, où perce quand même le regret de la décision prise :

« Je suis pénétré de sensibilité, Monsieur, à la lecture de la lettre que vous m'avez fait l'amitié de m'écrire ; j'ai combattu le bon combat tant que j'ai pu, mais n'ayant de force que par mon caractère, quand j'ai vu qu'on me refusoit l'appuy nécessaire en même tems que des ennemis de tout genre trouvoient le champ libre, j'ai cru que je n'avois d'autre parti à prendre que de me retirer avec honneur.

(1) En 1782, 1783, 1784.
(2) » 1782, 1784, 1785.

« Je suis sensiblement touché des regrets publics, ils honorent la nation, mais ils animent, quand il n'est plus tems, la violente ardeur que j'avois pour servir le Roy et remplir une belle carrière.

« Je l'avoue sans contrainte parce que je n'ai jamais vu dans mon cœur la trace de ce qu'on appelle ambition. Si j'avois eu un peu plus de cette passion qui attache à la place pour le plaisir du pouvoir, j'y serois encore, car l'adresse qu'il faut pour captiver les entours du trône est la plus facile de toutes les industries.

« Conservez-moi, je vous prie, les sentiments d'estime et d'amitié auxquels vous m'avez accoutumé et qui me seront toujours infiniment chers.

« J'ai l'honneur d'être avec le plus fidèle attachement, Monsieur, votre très humble et très obéissant serviteur

« Necker.

« Ce 3 juin 1781. »

M. Moultou dut à cette retraite le bonheur de revoir ses anciens amphitryons du Contrôle général. En 1784, Mme Necker se rendit à Montpellier pour consulter le docteur de Lamure, le médecin ami de Moultou. Ce dernier la rejoignit à Avignon, puis en Suisse, où M. Necker finit par acheter la terre de Coppet, tandis que M. Moultou acquérait celle de Coinsins, qui n'en est pas éloignée. On voisinait durant l'été. L'union était des plus intimes entre M. Moultou, M., Mme et

Mlle Necker. « M. Necker vous voit par les mêmes yeux que moi, mandait Mme Necker à son ami d'enfance ; nous vous chérissons tous trois. »

Les Necker ne renonçaient pas quand même à leur habitation d'hiver à Paris, rue Bergère. Cependant le séjour perdait de son attrait. Les amis disparaissaient. Le vertueux Thomas était près de sa fin ; le solennel Buffon de même. Mais il fallait marier Germaine !

XVI

LE MARIAGE DE GERMAINE NECKER DE STAËL. DERNIÈRES LETTRES.

Mme Necker a pu songer un instant à unir sa fille au fils de M. Moultou, à ce Pierre Moultou qui s'était déjà fait apprécier à Paris lors du séjour de 1778. On avait remarqué sa jolie figure et son intelligence. Son élection à la Société royale de Londres répandait sa réputation de mathématicien. A son retour d'Angleterre en 1780, il avait encore fait à Paris un séjour chez les Necker. Les jeunes gens avaient fait bonne connaissance. M. Moultou écrit à son fils, le 29 mai 1780 :

« Il est étrange que Mlle Necker sache si bien l'anglais n'ayant été que jeune et un moment à Londres. Tu la trouves très forte pour le clavecin. Tu dis qu'elle est fort embellie et qu'aux qualités d'une Anglaise elle joint les grâces d'une Française. »

Mais l'amour n'avait pas parlé.

Un mariage plus représentatif convenait mieux

à la fille de M. Necker. On sait comment furent réglées les fiançailles de la jeune Germaine avec le baron de Staël Holstein, désigné pour l'ambassade de Suède.

Dans une lettre datée du 19 août 1785, Mme Necker fait allusion à ce dessein en écrivant confidentiellement à son ami : « Je me suis accoutumée depuis trente ans à vous regarder comme une partie de moi-même. » Elle débute par narrer les suites de l'affaire du Collier, un des préludes du drame révolutionnaire.

« Tout le monde est occuppé aujourd'hui de l'aventure du Cardinal de Rohan. Il a été arrêté par ordre du Roy dans ses habits pontificaux au moment où il alloit célébrer la messe. Quand les abus sont portés à l'extrême, il faut nécessairement de grandes révolutions pour les faire cesser. Le désordre, le luxe et les dettes faisoient depuis longtems le malheur de la société. Il falloit de grands exemples et c'est la maison de Rohan qui les donne. Mme Moultou aura bien de la peine à concevoir à Coinssin qu'un homme seul avec un million de rente n'ait pû suffire à ses dépenses... »

Après avoir parlé de sa misérable santé, Mme Necker passe au sujet qui lui tient le plus à cœur.

« Nous allons nous rapprocher de Paris. Il est tems de se décider sur la jeune vie qui s'est entée sur la nôtre. Sans être encore déterminés, il paroit que mon vœu ne sera point écouté. Je permets de bonne grâce ce que je ne puis empêcher, mais je donne intérieurement les regrets les plus amers au seul gendre qui me paroissoit fait pour nous. Ainsi ma fille va recommencer notre carrière pour faire ensuite place à d'autres. En considérant les objets sous ce point de vue, ils sont trop passagers pour sembler dignes d'attention ; ils ont plus d'importance quand on les ramène au sentiment. Vous exprimâtes cette idée bien heureusement en disant à votre amie : *Près de vous il n'est plus de tems.* Hélas ! cette amie n'est plus, le tems s'est vengé. Il vous a fait connoître par les regrets toute la force de son empire. »

Cette amie, dont Moultou venait de pleurer la perte, c'était la charmante Mme de Vermenoux, décédée à l'âge de quarante-quatre ans, le 27 décembre 1783, à Montpellier, où elle était allée vainement chercher la santé. Rappelant son propre mariage, Mme Necker disait : « Elle m'a sceu mauvais gré d'un événement qu'elle auroit pû éviter [1]. » C'était à Meister qu'elle laissait son cœur embaumé, ce pauvre cœur que l'ingrat oublia dans un grenier.

Le temps marchait. L'étoile de Germaine Necker se levait, quand celle de sa marraine s'éteignait pour toujours. A la perspective de l'union brillante de sa fille, Mme Necker s'inquiétait. Elle venait de perdre son ami Thomas. « Femme de

1 Mme Necker à Moultou, 23 février 1784.

M. Necker, disait-elle d'elle-même, amie intime de M. de Buffon, de M. Thomas, et de M. Moultou, ma carrière s'écouloit au milieu de toutes les grandeurs de la terre. » Moultou la consolait, la rassurait. « Quelles charmantes et sublimes leçons vous donniez à ma fille dans votre avant-dernière lettre. Je lui ai fait lire le paragraphe entier. Le grand, et trop bon homme de père en a été ravi ; c'est le langage de son génie. Sa fille l'a admiré. Que n'a-t-elle voulu faire plus ! Mais j'ai tout tenté sans succèz. Je crains cependant, ajoutait-elle, de mettre trop bas dans votre esprit le galant homme qu'elle épouse ; il est doux, aimable, honnête et sensible ; on ne lui désire que l'auréole. Mais ne faloit-il pas cette décoration au gendre de M. Necker [1] ? »

De son côté, M. Necker se croyait tenu d'écrire à ce sujet à M. Moultou :

« Le goût de ma fille et de sa mère pour Paris, le desir et le besoin que j'ai de ne point disperser ces objets de ma tendresse ont forcé notre détermination pour le mariage de ma fille, et peut-être que, sans les tableaux de perfection qu'on se fait si facilement et qu'on réalise si rarement, nous aurions raison d'être contents. L'homme est doux et honnête, d'une figure agréable, d'un âge convenable. Il est en possession d'un état honoré dans ce pays, et ses appointements joints à ce que nous

(1) Mme Necker à Moultou, 23 octobre.

donnons à ma fille la mettent à portée de se procurer de bonne heure les jouissances auxquelles on atteint communément beaucoup plus tard.

« Si à tout cela vous joignez l'âme et l'esprit de M. Moultou, le lot seroit complet ; mais avec cette dernière partie nous aurions encore été plus contents qu'avec tout le reste. Enfin il ne reste plus maintenant qu'à faire des vœux pour l'avenir en se résignant à l'avance au mélange de biens et de maux qui sont le partage de tous les hommes et de toutes les situations.

« Ce mariage sera retardé par une maladie que ma fille vient d'essuyer et qui n'est pas encore à son terme, quoiqu'elle soit considérablement diminuée ; cette maladie est une fièvre bilieuse, mais sans aucun caractère fâcheux et les médecins la regardent comme finie.

« Je vous prie, Monsieur, d'agréer les nouvelles assurances de mon inviolable attachement.

« A Paris, ce 10 novembre 1785 ».

Mme Necker, affaiblie par la maladie, confiait à l'ami jusqu'aux inquiétudes que pouvait lui causer l'avenir moral de sa fille. Dans une lettre du 3 mai 1786, elle commence par rassurer Moultou au sujet de la demande que la princesse de Beauvau a faite pour avoir communication de la seconde partie des *Confessions* et des révélations scandaleuses qui s'y pouvaient trouver.

« Vous m'aviez paru si effrayé dans votre lettre que je me suis excusée auprès de Mme de Beauveau, en usant de toutes les tournures que mon esprit a pû me suggérer. Mme de Beauvau est aussi polie que raisonnable ; elle a vû ma peine et ne m'a plus parlé sur ce sujet. Je n'ai rien dit qui pût compromettre personne, tous les secrets sont encore ensevelis.

« Si vous aviez vécu plus longtems dans ce pays, vous seriés bien étonné de toutes vos précautions ; ici les paroles d'un mort sur un autre mort sont encore plus légères que leur ombre, et quand aux vivants leur pudeur ne s'effarouche pas si aisément. L'on ne seroit point fâché d'entendre rappeller d'anciennes liaisons ; la viellesse qui enlaidit tout semble être ici le fard du vice ; un attachement déshonnête consacré par le tems prend peu à peu une sorte de dignité...

« A quelle distance je me trouve de ces mœurs si douces et si pures dont nous avons puisé ensemble les principes et les sentiments ! Le souvenir s'en réfugie dans mon cœur et dans ma pensée, et le contraste m'en rapproche par les regrets.

« Depuis le mariage de ma fille, Paris se présente à moi sous un nouveau point de vue. Jeune, je n'ai vécu que dans mes principes, sans m'occupper de ceux des autres : le vice ne pouvant m'atteindre, je n'en éprouvois ny la terreur, ny l'indignation. A présent, je suis exposée pour la première fois à ses influences malignes. J'ai la certitude des excellents principes de ma fille, mais je voudrois l'impossible, je voudrois en avoir la conscience que donne l'identité ; je me dis que le marbre le plus solide se creuse enfin par les gouttes d'eau qui le frappent sans cesse. »

Sur le mariage de Germaine Necker, la note amusante est donnée dans une lettre de Mme d'Anville à Moultou, 18 janvier 1786.

« Vous savez que Mlle Necker est présentement Mme la comtesse de Stal, mais vous ignorez peut-être les angoisses que ce mariage coûte à Mlle Bertin. Elle est occupée de l'habit de présentation [à la Cour] où elle voudroit pouvoir représenter la candeur de la fille, le génie du père et les vertus de la mère. Vous voyez que ses talents vont encore par delà les pouffes et les redingottes.»

La mode était alors aux toilettes et aux coiffures symboliques.

La maligne duchesse restait la fidèle correspondante de Moultou et lui faisait part des nouvelles de Paris, de la mort de Mably, de celle de Watelet, dont il avait fait bonne connaissance en 1778. La société perdait un grand nombre de ses membres. Mme d'Anville se rattachait d'autant plus à ses anciens amis. Elle conjurait M. Moultou de lui écrire sur un ton de familiarité. Elle y revient à plusieurs reprises.

« Plus de Madame en vedette, ce protocole ne convient point à l'amitié (20 août 1780). »

« Ne m'écrivez plus jamais le grand Madame en vedète (29 mars 1786). »

Et cela jusqu'à la fin. Et puis ce sont de véritables déclarations :

« Je vous renouvellerai les assurances de la passion malheureuse que vous m'avez inspirée depuis vingt-cinq ans. »

Tandis que Moultou avait encore le plaisir de voisiner en été à la campagne avec ses amis Necker, sans que la correspondance cessât pour cela, ce n'était plus guère que par lettres qu'il entretenait ses relations avec Mme d'Anville. Il ne s'en faisait pas faute. Après les troubles de 1782, la libérale duchesse, sur les recommandations que lui faisait Moultou, réservait le meilleur accueil aux Genevois fugitifs du parti des *représentants* de passage à Paris. Dans des effusions plus intimes, les deux amis échangeaient des nouvelles sur le sort de leurs enfants déjà mariés. Mme d'Anville fait de la vie de la jeune duchesse de La Rochefoucauld, sa nouvelle belle-fille, le tableau suivant à la Jean-Jacques :

« Depuis un mois qu'elle est ici [à la Rocheguyon], elle joue la comédie, au colin maillard, monte à âne, danse, et puis elle s'occupe aux mathématiques, à la métaphysique, à la poësie, à l'histoire, au dessein. Ses plaisirs et ses études lui font très bien passer son tems (16 juin 1780). »

Hélas ! l'idylle devait se terminer en drame douze ans plus tard. Le généreux duc de La Rochefoucauld, une des premières victimes de la Révolution, périt près de Gisors, massacré entre les bras de son exquise mère et de sa jeune épouse.

Les deux amies de Paul Moultou, Mme Necker et Mme d'Anville devaient lui survivre de quelques années (1).

Depuis longtemps M. Moultou se plaignait de ses rhumatismes goutteux, quand, au printemps de 1787, il fut pris d'une fièvre bilieuse. Sa femme et ses enfants, réunis autour de lui au château de Coinsins, le soignaient avec le plus entier dévouement. Le mal l'emporta.

Neuf ans après Rousseau, quatre ans après Mme de Vermenoux, leur fidèle ami s'éteignait prématurément à Coinsins, le 10 juin 1787, à l'âge d'environ 55 ans, au moment où ses correspondants de France l'entretenaient des prolégomènes de la Révolution : l'assemblée des Notables, les pamphlets de Mirabeau, de Clavière et consorts.

L'aurore d'une ère nouvelle pouvait-elle enfin réjouir son cœur et réconcilier ce fervent disciple de Jean-Jacques avec le monde dans lequel il était appelé à vivre ? Sa critique des hommes et des choses se serait-elle adoucie avec le temps ? Nous ne pouvons que blâmer l'excès de sa sévérité pour beaucoup de ses contemporains, magistrats de Genève ou philosophes de Paris. Comme le remarquait fort bien Mme d'Anville, cette sévérité lui était inspirée par Rousseau, qui avait per-

---

1) La première jusqu'en 1794, la seconde jusqu'en 1796.

sonnellement à se plaindre des uns et des autres.

En revanche, on lui doit cette justice de reconnaître qu'il fut toujours fidèle à ses principes, portant très haut l'amour de la vertu dans des termes qui n'étaient pas chez lui, comme chez beaucoup, phraséologie pure, très attaché surtout à la cause protestante et à celle de la tolérance religieuse, qui l'avait rapproché de Voltaire. Il est droit et véridique. Quoique élève de Rousseau, épris de la simplicité et de la vraie nature, il savait jouir des beautés de l'art et goûter les charmes de la société, tels que les lui offrit en particulier son séjour à Paris. L'éclat de la capitale était digne de captiver ce brillant esprit.

Cœur sensible et délicat, sa fidélité en amitié n'est pas moins appréciable. Il faut dire qu'il inspirait en retour à ses amis une affection passionnée. Malgré son intimité avec Mme de Vermenoux et Mme d'Anville, il reste le plus constant des époux. Son attachement respectueux pour Mme Necker n'est-il pas touchant ? Après son séjour à Paris, Mme Necker, on l'a vu, disait de lui :

« Voilà l'ami qui, s'attachant à mon enfance, me donna les premières idées du goût dans un lieu sauvage, et qui est venu me remontrer l'image de la vertu dans le centre de la corruption. »

Au milieu des sautes d'humeur de Jean-Jacques Rousseau, Moultou a tenu bon ; son enthousiasme pour ce difficile personnage a résisté à bien des orages. C'est merveille qu'il ait pu demeurer jusqu'au bout le confident et le dépositaire de la volonté du philosophe. Après la mort de Rousseau, Moultou a travaillé encore pour lui en collaborant et en contribuant à grands frais à l'édition des œuvres destinées à honorer la mémoire de l'homme illustre et à entretenir la misérable veuve.

Sa correspondance est une source, qui n'est point à négliger, d'informations pour la connaissance des caractères de personnages marquants. Elle fait voir combien la fréquentation du monde de Paris avait atténué les défauts de Mme Necker, par exemple, qui y perdit quelque peu de sa préciosité provinciale, et ceux de Mme de Vermenoux, qui, rencontre admirable, dut à la grande vie de la capitale de n'être plus frivole. La réserve hautaine d'un Necker, les méfiances irréductibles de Rousseau percent à travers les lignes ; la lourdeur de Turgot, qui n'admet pas la contradiction, la bonhomie candide de Buffon dans l'intimité, « sublime quand il parle de science, enfant quand il s'agit des choses communes de la société, » voilà des traits qui méritent d'être relevés et rappelés.

Chez Moultou, l'exubérance des sentiments et du langage n'a jamais exclu la finesse de l'observation. Il n'est pas jusqu'à un certain don de prophétie, que nous avons déjà constaté chez lui. C'est au moment de la condamnation de Rousseau et des plus grands malheurs du philosophe qu'il s'écrie en s'adressant à lui :

« Un siècle encore, Monsieur, et vos mâles écrits brisent tous les fers de l'Europe ! »

Et de Voltaire, à qui le clergé refuse les honneurs de la sépulture, n'a-t-il pas dit :

« La postérité sera bien étonnée de la manière dont on traite ce grand homme. Un jour elle rappellera ses cendres, et Paris s'honorera enfin de son tombeau, comme il s'honore de ses ouvrages?»

Notons enfin qu'il prévoyait la grandeur des Etats-Unis d'Amérique, dont la puissance pourrait un jour inquiéter l'Europe.

A sa mort, Paul Moultou laissait bien des gens pour le pleurer.

Mme Necker écrivit à la veuve et au fils des lettres désolées : « L'ami que j'ai perdu rend mon sort digne de pitié, » disait-elle.

Cruellement atteinte par ce deuil prématuré, la compagne aimable et fidèle de Paul Moultou, Marianne Cayla, allait avoir encore, sept ans plus tard, à la veille de sa mort, le chagrin d'apprendre le massacre de son frère, le syndic Cayla, tué par les hommes de la Terreur genevoise.

M. Necker lui écrivait à ce sujet :

« Vous venez d'éprouver, Madame, ainsy que toute votre respectable famille, un malheur hors de toute attente et dont l'imagination ne pouvoit se faire une idée au milieu même des barbaries dont le tems présent nous offre le spectacle. Toute la Suisse en est remplie d'horreur et d'indignation, jugez de l'émotion de vos amis. Il faudroit un nouveau langage pour exprimer ses sentiments. Je viens donc simplement mêler mes larmes aux vôtres et je prie le Ciel de vous prêter la force et le courage dont vous avez besoin.

« Agréez, je vous prie, Madame, l'homage de mon respect et les assurances du tendre intérest que je prends à tout ce qui vous touche.

« A Lausanne, ce 31 juillet. »

Le libéral Moultou aurait-il pu prévoir ces excès ? Et Rousseau lui-même ?

Les effusions des âmes sensibles, les appels à la vertu, l'épanchement des larmes faciles, toute cette exaltation philanthropique, était-il nécessaire qu'elle sombrât dans de sinistres tragédies, pour assurer ce que l'on a appelé le progrès de l'humanité ?

FIN

Peut-être est-ce un ava
maux me rendent mes ma
je tourmente moins que
me donne tant d'affaires
me touche plus. Le ven
enfin, c'en est un pour moi.
laissent toujours quelque
grandes afflictions ne m
bon que je souffre
j'irais [illegible] mieux ~~[illegible]~~, néanmoins [illegible]
moins attristé, Mais je
aux peines, je le suis
c'en sera toujours une
vous vous portez bien,
continuellement
que vous m'aimez ~~[illegible]~~
et vous embrasse de

A Motiers-travers le 7. Avril 1764.

L'état où j'étois, Monsieur, au moment où vôtre lettre me parvint m'a empêché de vous en accuser plustôt la reception et de vous remercier comme je fais aujourdui du plaisir que m'a fait ce témoignage de vôtre souvenir. ~~Aussi~~ J'en suis plus touché que surpris et j'ai toujours bien cru que l'amitié dont vous m'honoriez dans mes jours prospéres ne se refroidiroit ni par mes disgraces ni par mon exil. De mon côté sans avoir avec vous des relations suivies, je n'ai point cessé, Monsieur, de prendre intérest aux changemens agréables que vous avez éprouvés depuis nos anciennes liaisons. Je ne doute point que vous ne soyez aussi bon mari et aussi digne pere ~~pe~~ de famille que vous étiez homme aimable étant garçon, que vous ne vous appliquiez à donner à vos enfans une éducation raisonnable et vertueuse ~~et saine~~ et que vous ne fassiez le bonheur d'une ~~épouse de mérite~~ femme de mérite qui ~~je regarde comme la récompense des vôtres~~ doit faire le vôtre. Toutes ces idées, fruits de l'estime que vous est due me rendent la vôtre plus précieuse ~~celle dont vous m'honorez~~. Je voudrois vous rendre compte de moi pour répondre à l'intérest que vous daignez y prendre ; mais que vous dirois-je ? Je ne fus jamais bien grand chose, et maintenant je ne suis plus rien ; je me regarde comme ~~n'existant~~ ne vivant déjà plus. Ma pauvre machine délabrée me laissera jusqu'au bout j'espére une ame saine quant aux sentimens et à la volonté ; mais du côté de l'entendement et des idées, je suis aussi malade de l'esprit que du corps.

Peut-être est-ce un avantage pour ma situation. Mes maux me rendent mes malheurs peu sensibles. Le cœur se tourmente moins quand le corps souffre, et la nature me donne tant d'affaires que l'injustice des hommes ne me touche plus. Le remède est cruel je l'avoue; mais enfin, c'en est un pour moi. Car les plus vives douleurs me laissent toujours quelque relâche, au lieu que les grandes afflictions ne m'en laissent point. Il est donc bon que je souffre et que je dépérisse pour être moins attristé, [j'aimerois mieux, cependant, [illegible] que [illegible] en santé.] Mais si je suis désormais peu sensible aux peines, je le suis encore aux consolations, et c'en sera toujours une pour moi d'apprendre que vous vous portez bien que vous êtes heureux et que vous m'aimez continuez. Je vous salue, Monsieur, et vous embrasse de tout mon cœur.

JJ Rousseau

…ntage pour ma situation. Mes-

…lheurs peu sensibles. Le cœur

…d le corps souffre, et la nature

… que l'injustice des hommes ne

…ride en cruel je l'avoue ; mais

… car les plus vives douleurs me

…e relâche, au lieu que les —

… n'en laissent point. Il est donc

… que je dépérisse pour être
de quelque mieux en santé.

… je suis désormais peu sensible

… encore aux consolations, ce

… pour moi d'apprendre que

…ssé vous êtes heureux ce

… . Je vous salue, Monsieur,

… tout mon cœur.

Rousseau

TABLE DES MATIÈRES

Imprimerie Jacques et Demontrond - Besançon

www.ingramcontent.com/pod-product-compliance
Ingram Content Group UK Ltd.
Pitfield, Milton Keynes, MK11 3LW, UK
UKHW022017170726
13837UKWH00001B/248